딸아, 너에게 해줄 말 있어

딸아, 너에게 해줄 말 있어*

- 성공·사랑·품격·행복을 위한 300가지 지혜 -

성기철 지음

(주)다연
DAYEONBOOK

Prologue

사랑하는 딸들아.

아빠가 너희를 만난 게 벌써 30년 세월이구나. 3년 그리고 4년 터울로 태어나 모두 어엿한 사회인으로 성장하는 동안 아빠는 환갑을 넘겨버렸어.

너희가 태어난 때는 남아선호 사상이 워낙 강해 세상 사람들은 아빠한테 축하보다는 위로를 해주었단다. 안타까워하며 진심으로 걱정해주는 사람도 더러 있었어.

"아들 없이 딸만, 그것도 셋이라니!"

"아들 진짜 없어도 되는 거야?"

하지만 아빠는 전혀 걱정하지 않았어. 우주여행을 코앞에 둔 시대에 아직도 아들 타령한다는 게 말이 안된다고 생각했거든. 여성이 남성보다 덜 중요하지 않은 시대가 머지않아 열릴 것이라는 확신도 있었고.

다행히 세상은 아빠 손을 들어주었고, 지금은 오히려 여아선호 시대가 도래한 것 같구나. 예전엔 놀림말처럼 쓰이던 '딸부자'를 은근히 부러워하는 사람이 많아. 당연한 시대 흐름이라고 해야겠다. 세상에 남녀차별이 있다는 게 말이 안되지.

딸들아.

너희 어릴 때, 아빠는 여성이 기죽지 않고 당당하게 살려면 어떤 성정과 역량을 갖추도록 하는 게 좋을지 꽤나 고심했단다. 하지만 아빠 능력에 어디 특별한 방법이나 대책이 있었겠어? 또 자식이 부모 마음대로 되는 것도 아닐 테고.

결국 아빠 엄마는 평범하기 짝이 없는 육아 및 교육 방식을 택했지. 다행히 너희가 잘 따라주어 비교적 건강하고 행복한 젊은이들로 성장해줘서 얼마나 고마운지 모른다.

사랑하는 딸들아.

그럼에도 아빠는 아쉬운 점이 많아. 돌이켜보면, 아빠가 부모로서 미숙했기에 너희를 고생시키진 않았나 싶어. 육아와 교육에 대한 뚜렷한 가치관을 갖고 있었다면, 또 딸아이의 마음을 좀 더 세심하게 읽을 수 있었다면 크게 힘들이지 않고 자라도록 도울 수 있었을 텐데….

이런 마음이 아빠가 이 책을 쓰게 된 동기란다. 크게 두 가지로 볼 수 있지. 하나는 반성문이야. 청소년기, 즉 학창 시절 너희에게 제대로 가르치거나 알려주지 못한 갖가지 삶의 지혜를 뒤늦게나마 정리해보고 싶었거든. 자기 사랑, 미래 준비, 성공 비결, 독서와 글쓰기, 시련 극복 등이 주로 여기에 해당될 거야.

너희에겐 이미 늦은 얘기겠지만 그런들 어떠랴. 꿈 많은 학창 시절을 힘들게, 암울하게 보내는 후배들이 지금도 얼마나 많니. 자기 자신의 소중함을 알고 자신을 진정으로 사랑할 줄만 알아도 이토록 고통스럽지는 않을 거야. 다정한 눈빛으로 너희에게 전해주지 못했던 걸 뉘우치는 마음으로 관련 지혜를 정성껏 모았단다.

이 책을 쓰게 된 또 한 가지 동기는 응원이야. 20대 후반 이후 청장년기를 살아가야 하는 너희에게 진심 어린 응원 메시지를 보내고 싶었단다. 이 시기는 학창 시절 못지 않게 할 일이 많고 고민도 많지. 사랑을 구현하고, 사회적으로 성공하고, 인생의 진정한 의미까지 찾아야 하는데 그게 간단한 문제가 아니거든. 기쁨과 고난 고통이 끊임없이 교차하지.

그래서 청장년기엔 삶의 지혜가 더욱 절실하단다. 인간관계, 품격, 돈과 재테크, 사랑과 결혼, 가정과 가족, 행복 등을 읽고 더 많은 지혜를 쌓기 바란다. 아빠의 인생 경험이 깊숙이 배어 있으니 잔소리로 흘려듣지 않으면 고맙겠다.

사랑하는 딸들아.

이 책을 저술하며 아빠는 앞서 살다 간 수많은 위인의 발자취와 가르침을 폭넓게 살펴보았다. 너희의 현재와 미래에 도움 되겠다 싶은 그들의 아포리즘을 과감하게 녹여 넣었어. 아마 피와 살이 될 아름다운 글귀를 자주 발견하게 될 거야.

딸들아.

21세기 대한민국은 여전히 남성 중심 사회라고 할 수 있어. 세상을 주도하는 사람 중엔 남성이 여성보다 훨씬 많잖아. 여성의 사회경제적 삶의 질은 최근 들어 많이 개선되긴 했지만 아직도 남성에 비하면 열악하지. 직장 여성들이 결혼과 출산, 육아를 생각하면 다소 암담하기도 하고 말이다.

하지만 인생을 값지게 가꾸려면 이런 불리한 환경을 적절히 극복해 나아가는 수밖에 없어. 삶의 지혜를 발휘하면 얼마든지 극복할 수 있고 성공할 수도 있어.

사랑하는 딸들아.

그런데 아빠는 인생에서 성공보다 행복이 훨씬 중요하다고 생각해. 성공한 사람이 불행하다면 그 성공이 무슨 의미가 있겠니? 행복이야말로 우리 인생의 궁극적 목표 아닐까 싶다. 이 책 말미에 행복의 중요성을 유달리 강조한 이유란다.

우리 세 딸은 물론, 세상의 모든 딸이 이 책을 읽고 진정 행복해지면 좋겠다. 그런데 행복도 노력하는 자의 몫임을 특별히 일러두고 싶구나. 영국 시인 윌리엄 블레이크는 이렇게 말했지.

"대개 행복하게 지내는 사람은 노력가이다. 게으름뱅이가 행복하게 사는 것을 보았는가. 노력의 결과로써 얻는 성과 없이는 참된 행복을 누릴 수 없다."

아빠가

차례

CHAPTER 05 **인간관계**

CHAPTER 06 **화술**

CHAPTER 15 여유, 여가

CHAPTER 16 예술, 문학

CHAPTER 17 시련 극복

CHAPTER 18 자선

딸아, 네 인생의 주인공으로 살기 위해서는
자존감을 키워야 해.

어떤 상황에서든 자존감을 바탕으로 주인공 인생을 살 때
비로소 행복이 찾아온다는 사실을 명심하렴.

자기 사랑

자신을 사랑한다는 말이 자칫 이기심이나
자만심을 떠올릴 수도 있겠지만 전혀 그렇지 않아.
자신을 사랑하는 사람이야말로 남을 진정으로 사랑할 수 있단다.

너 자신이
가장 소중하다

딸아, 너에게는 소중한 존재가 참 많지. 너를 낳아준 부모, 사랑하는 자매, 마음 터놓고 얘기할 수 있는 친구…. 매일 출근하는 직장이나 어렵게 마련한 집도 마찬가지로 소중하지. 하지만 그보다 훨씬, 아니 가장 소중한 존재는 바로 너 자신이란다. 만약 네가 존재하지 않는다면 다른 소중한 것들이 무슨 의미가 있겠니.

그럼에도 세상에는 이를 간과한 채 살아가는 사람이 많아. 어릴 때는 자신을 소중하게 여기다가 나이 들면서는 불신하고 원망하는 거야. 자신의 가치를 남과 비교하고, 세상의 잣대로 평가하려는 고약한 습관을 들인 탓이지. 그런 사람들 대부분 불행해 보인단다.

그래서 하는 말이다. 너는 이 세상에 단 하나뿐인 참으로 귀한 존재라는 사실을 끊임없이 되뇌어야 해. 어떤 상황에서도 너 자신을 사랑하렴.

남보다 너 자신을
더 사랑해라

　딸아, 세상에서 네가 가장 소중한 존재라면 당연히 남보다 너 자신을 더 사랑해야겠다. 주변을 둘러보면, 자신이 소중한 존재라고 말하면서도 실제로는 미워하거나 혐오하는 사람이 적지 않아. 자신을 사랑하지 않으면 어느새 열등감이 생기고 매사 자신감을 잃게 된단다. 불평불만의 원인이 되기도 하지.

　자신을 사랑한다는 말이 자칫 이기심이나 자만심을 떠올릴 수도 있겠지만 전혀 그렇지 않아. 자신을 사랑하는 사람이야말로 남을 진정으로 사랑할 수 있단다. 그만큼 마음에 여유가 있기 때문이지. 가족과의 관계가 원만하지 않거나 친구들과 불화를 겪는 이들을 유심히 살펴보면 십중팔구 자기 사랑이 부족하다는 걸 발견할 수 있어.

　너의 정신적 풍요를 위해, 그리고 주변에 사랑을 베풀 수 있기 위해 남보다 너 자신을 더 사랑할 수 있도록 노력하여라.

네 인생의 주인공은
당연히 너다

"자기 인생이라는 이야기에선 누구나 주인공이다."

미국 작가 존 바스가 한 말이란다. 우리 모두는 저마다 인생이라는 영화의 주연이라는 의미겠다. 영화에 출연하는 수많은 조연도 각자 자기 삶에선 주연이거든. 다들 이런 생각을 하면서도 실제로는 조연으로 사는 데 급급하다는 게 참 안타깝구나.

딸아, 그 이유는 자존감이 낮아서야. 네가 명실상부하게 네 인생의 주인공으로 살기 위해서는 자존감을 키워야 해. 스스로 존재감과 능력을 발휘하려는 자신감을 가질 때 주연 제의가 들어오거든. 이 영역은 부모도, 자매도 남일 뿐이야. 모든 판단과 결정은 온전히 본인 몫이라는 뜻이지.

어떤 상황에서든 자존감을 바탕으로 주인공 인생을 살 때 비로소 행복이 찾아온다는 사실을 명심하렴.

너 자신에게
끊임없이 질문을 해라

딸아, 너는 지금 네가 어떤 사람인지 제대로 파악했다고 생각하니?
아마 그렇다고 장담하기는 쉽지 않을 거야. 누구나 그래.
하지만 비교적 정확히 파악을 하면 삶이 훨씬 수월해진단다.

자기 자신을
파악하는 가장 좋은 방법은
질문하기란다.
자문자답을 통해
자신을 알아가는 거지.

나는 누구인가? 나는 왜 사는가? 나는 무엇을 좋아하는가?
나는 무엇을 잘 하는가? 지금의 내 인생길은 바람직한가?
나는 어떻게 살아야 하는가?
이처럼 질문은 끝없이 이어질 수 있어.
이런 질문에 네 스스로 답을 찾아보아라.
자기발견이 이뤄져 네가 나아가야 할 방향이
자연스럽게 정해질 거야.
방향이 정해져도 질문을 계속해야 해.
일이 잘 안 풀리거나 삶이 고달플 때도
이런 자문자답은 계속해야 한단다.
이런 시도와 노력, 일찍 시작할수록 좋아.

유심히 거울을
들여다보아라

딸아, 윤동주의 시 〈자화상〉을 읽어봤니. 산모퉁이 외딴 우물에 비친 자신의 모습이 미웠다가 가엾어졌다가 그리워지는 심리 변화를 묘사한 작품이지.

우물 혹은 거울을 통해 자기 모습을 자세히 들여다보거나 자화상을 그려보면 자신의 현주소를 쉽게 확인할 수 있단다. 지금 자신이 하는 일이 잘되고 있는지, 만족스러운지, 자신감은 어느 정도인지를 스스로 파악할 수 있어. 자기와의 갈등 상황이나 이상적 자아 발견 기회를 포착할 수도 있지. 빈센트 반 고흐가 한쪽 귀가 없는 자화상을 그리면서 어떤 생각을 했을지 상상해보거라.

현실적으로 자화상 그리기나 우물 들여다보기는 쉽지 않을 거야. 대신 가끔이라도 거울을 유심히 들여다보아라. 네 표정을 자세히 살피다 보면 어느새 자기발견, 자기 성찰이 이뤄질 수가 있을 테니.

정말 되고 싶은
사람이 되어라

딸아, 소설 《데미안》으로 유명한 헤르만 헤세는 어린 시절 "나는 시인이 아니면 아무것도 되고 싶지 않다"라고 말했단다. 목사 집안에서 태어나 부모의 강권으로 신학교에 진학했지만 결국 적응하지 못해 탈출한 건 어쩌면 당연한 일인지도 몰라. 그에게는 자기 확신과 선명한 주장이 있었기에 훗날 노벨 문학상을 받는 위대한 작가가 되었겠지.

너도 마찬가지야. 주변의 많은 사람이 좋다고 생각하는 직업이나 직장에 매달릴 필요는 없어. 네가 정말 하고 싶은 일이 있다면 그걸 하면 돼. 어른들의 가르침을 막무가내로 무시해선 안 되겠지만 반드시 따를 필요는 없어. 네 인생은 네 것이니까.

다만 너의 결정에 책임을 지고 열심히 미래를 준비하는 모습을 보여야 해. 그래야 네가 나아가는 길에 주변으로부터 도움받을 수 있을 테니까.

모든 선택의 기준은
바로 너다

딸아, 인생은 선택의 연속이란다. 진학, 취업, 결혼, 출산 같은 중대사도 그렇지만 점심식사, 옷차림, 교통편 등 사소한 일에도 항상 결정을 위한 선택을 해야 하지.

그럴 때 중요한 것은 반드시 너를 기준으로 해야 한다는 점이야. 세상에 100퍼센트 옳고 좋은 선택이란 없어. 장점과 단점이 공존할 수밖에 없는 선택의 결과가 좋지 않을 때 그 책임은 네가 져야 하거든.

남의 생각이나 말만 믿고 선택했다가 결과가 안 좋을 때 남을 원망하는 것은 온당치 않아. 남의 의견을 경청하고 충분히 반영하되 네가 주도적으로 선택하고 책임지는 것이 좋아. 자기 주도적 삶이야말로 후회나 원망을 줄일 수 있기 때문에 행복을 앞당기게 하지. 설령 결과가 좋지 않아도 차후에 더 좋은 선택을 할 수 있는 능력을 기를 수 있단다.

남의 시선을
너무 의식하지 마라

딸아, 프랑스 철학자 자크 라캉이 이런 말을 했단다.

"인간은 타자의 욕망을 욕망한다."

어떤 결정과 선택을 할 때 자기 자신이 아니라 남의 희망을 따르려하는 인간 심리를 꿰뚫어 본 표현이지.

아마 너에게도 이런 심리가 없지 않을 것이다. 너도 모르는 사이에 남의 시선을 의식하고 있음을 발견한 적이 있을 거야. 어쩌면 네가 갖고 싶은 것, 하고 싶은 일의 상당 부분이 남의 시선을 의식한 결과물일지도 몰라. 더불어 사는 세상에서 남을 전혀 의식하지 않을 순 없겠지만 그것이 지나치면 행복을 놓치고 만단다. 자기 자신을 잃게 되니까 말이야.

버스를 타고 앞쪽에 너 혼자 서 있다고 치자. 다른 승객들이 모두 네 일거수일투족을 주목할 것 같지만 사실은 거의 관심 없어. 남의 시선, 조금은 신경 쓰이겠지만 애써 무시하는 것이 좋아.

내키지 않으면 'NO'라고
당당하게 말해라

"반항하는 인간이란 무엇인가? 'NO'라고 말하는 사람이다. 그러나 그는 거부는 해도 포기는 하지 않는다."

딸아, 프랑스 작가 알베르 카뮈의 저서 《반항하는 인간》 첫머리에 나오는 문장이란다. 청년기의 주체적 삶과 지식인의 성찰을 그린 멋진 표현이지. 성공적인 삶을 이루기 위해서는 매사 순응만 할 것이 아니라, 때론 의심하고 반항도 해야 한다는 메시지를 담고 있단다.

실제로 청년기에 기성세대의 가르침을 100퍼센트 수용하는 것이 최선은 아니거든. 대학 진학이나 직업 선택을 할 때 부모가 지나치게 간섭한다고 치자. 전혀 내키지 않는 방향을 주체적 판단도 없이 따르기만 하는 것은 자기 인생을 포기하는 것이나 진배없어. 아니라고 생각되면 "싫어요"라고 당당하게 거부할 줄도 알아야 한다.

자기 긍정의 힘은
무한대다

딸아, 네 친구들 중엔 매사 부정적 사고에 물든 이도 있고, 어떤 상황에서든 긍정적인 사고를 하는 이도 있을 것이다. 너는 어느 쪽이니? 너처럼 한창 미지의 세계를 헤쳐나가야 할 청년에겐 긍정적 사고가 얼마나 중요한지 모른다. 긍정 마인드를 가진 사람의 미래 개척 능력은 무한대에 가까울 정도로 크거든.

그런데 긍정 마인드는 자기 스스로 구축해야 해. 남들이 대신 만들어줄 수 없는 영역이지. 스스로 끊임없이 다짐하는 훈련을 하는 수밖에 없어.

'컵에 물이 반밖에 안 남았다'라고 생각할 것이 아니라 '컵에 아직 물이 반이나 남았다'라고 자기 최면을 걸어야 해.

빌 게이츠처럼 해보면 어떨까. 그는 젊은 시절 매일 아침 두 가지 생각을 반복했다고 하지.

"왠지 오늘은 나에게 큰 행운이 생길 것 같아. 나는 무엇이든 할 수 있는 사람이야."

컵에 물이 반밖에 안 남았다라고
생각할 것이 아니라
컵에 아직 물이 반이나 남았다라고
자기 최면을 걸어야 해.

단 하나뿐인 네 외모에 자신감을 가져라

딸아, 인생에서 외모는 중요하지. 아니, 매우 중요하지. 하지만 외모가 전부가 아니라는 사실은 네가 더 잘 알 거야. 그럼에도 요즘 젊은 여성들이 자기 외모를 오로지 세상의 잣대, 남의 시선으로 평가하는 게 안타까워. 특별히 나빠 보이지 않는데도 피부과와 성형외과를 전전하는 이들을 보면 자존감 없는 게 큰 문제가 아닐까 싶어.

딸아, '나는 지금 충분히 멋지고 아름답다'라고 생각하렴. 그런 생각이 지속되면 세상 사람들도 너처럼 생각해줄 거야. 중요한 것은 네 속마음이야. 현재의 네 외모를 사랑하겠다고 다짐하고 남의 비교나 평가는 거들떠보지도 마.

그 대신 내면의 아름다움을 가꾸는 노력을 배가하기 바란다. 영화배우 오드리 헵번은 이런 말을 했단다.

"아무리 화장을 해도 못생긴 성격을 가릴 순 없다."

모든 사람에게
좋은 사람일 필요는 없다

딸아, 모든 사람에게 좋은 사람이 될 필요는 없어. 모두에게 좋은 사람이려고 하면 네 삶이 고달파질 수 있단다. 성격상 큰 힘 들이지 않고 많은 이에게 좋은 사람이 되는 부류도 간혹 있긴 해. 흔히 '만인의 연인'이라 불리는 사람이지. 하지만 보통 사람들은 그런 노력에도 불구하고 큰 성과 없이 지쳐버리는 경우가 많아.

남들과 좋은 관계를 맺으려고 그들의 관심사에 온통 안테나를 맞추는 건 무척 피곤한 일이야. 너를 좋아하는 사람 많이 만들려고 가진 것 다 내어주면서 네 영혼을 팔 필요는 없어. 자칫 배신감 느낄 수도 있거든.

'불가근불가원(不可近不可遠)'이라고, 적당한 거리에서 관계를 유지하는 것도 요령이야. 다가오는 사람 막지 말고, 멀어져가는 사람 잡지 않는다는 식으로 편안하게 마음먹는 게 좋아. 너 자신이 주인공이어야 행복하니까.

CHAPTER

02

300 WISDOM

PASS ON TO DAUGHTERS

미래 준비

시간은 누구에게나 쉼 없이 흐르기 때문에
붙잡을 수가 없어. 되돌릴 수도 없고 말이야.
그래서 다들 시간을
황금보다 귀하다고 말하지.

너의 50세 때 모습을 상상해보아라

"당신의 상상은 인생에서 앞으로 다가올 중력의 예고편이다."

딸아, 알베르트 아인슈타인의 말이란다. 상상을 해야 비로소 상상하는 미래가 열리고, 또 그런 미래를 열 수 있다는 뜻 아닐까 싶다. 물론 그의 말은 과학적 상상을 염두에 둔 것이겠지만, 상상은 누구에게나 아름답고 행복한 일이지.

그래서 아빠는 말한다. 20년 후 혹은 30년 후 너의 모습을 가끔씩 상상해보라고. 50세 전후가 되겠지. 지금은 앞이 꽉 막혀 있는 듯하고, 하는 일마다 힘들겠지만 성공한 너의 미래 모습을 상상하다 보면 절로 힘이 날 수 있어. 괜찮은 기업의 유능한 임원, 당당함이 빛나는 변호사, 이름이 꽤 알려진 작가….

네 나이라면 뭐든지 상상할 수 있어. 누구에게나 상상은 자유란다. 또 네가 상상하는 모든 것을 너는 이룰 수 있어.

뚜렷한 목표가
가장 큰 경쟁력이다

딸아, 성공한 인생을 준비하는 데 목표를 갖는 것은 더없이 중요하단다. 프랑스 철학자 미셸 드 몽테뉴는 "종착할 항구가 없는 사람은 그 어떤 바람도 도와줄 수 없다"라는 멋진 말을 남겼어.

그렇다. 누구든 상상하는 미래의 어떤 지점에 손쉽게 도달하기 위해서는 구체적인 목표가 있어야 해. 실천 가능하고 당장 행동에 옮길 목표 없이 상상의 나래만 펴는 사람은 1년이 가고 10년이 가도 손에 아무것도 잡을 수 없을지 몰라. 몽상가의 최후가 대략 이런 모습이지.

아직 뚜렷한 목표를 세우지 못했다고 해서 초조해할 필요는 없어. 누구에게나 너무 늦은 때란 없단다. 하지만 지금 당장 목표를 세우는 건 중요한 일이야. 목표는 일찍 세울수록 더 큰 경쟁력을 확보할 수 있을 테니 말이다.

세상에 직업과 직장은
무궁무진하다

딸아, 우리가 택할 수 있는 직업과 직장이 얼마나 많은지 아니? 우리나라 직업사전에 등재된 직업의 종류는 2020년 기준으로 1만 6,891개나 된단다. 그러니 개별 직장은 헤아릴 수 없을 만큼 많다고 봐야지.

그래서 직업을 선택하고 직장을 구할 때는 가능한 생각의 폭을 넓혀서 구석구석 찾아볼 필요가 있어. 네가 전공한 분야에서만 찾는다면 아주 일부만 보는 셈이지. 숨어 있기에 네가 잘 모르는 '꿀 직장'이 아주 많다는 사실을 알아야 해.

그리고 짧지 않은 우리네 인생에서 굳이 한 가지 직업을 고집할 필요는 없어. 평소 취미로 즐기는 분야를 직업으로 발전시키면 삶이 훨씬 충만해질 수 있거든. 지금은 배우고 익히는 시스템이 워낙 잘돼 있기 때문에 두 번째, 세 번째 직업을 어렵지 않게 준비할 수 있단다.

아무도 가지 않는 길이
탄탄대로일 수도 있다

딸아, 로버트 프로스트의 유명한 시 〈가지 않은 길〉을 잘 알지? 인생에는 사람이 지나간 흔적이 많은 길도 있고 적은 길도 있단다. 흔적이 많은 길은 넓지만 경쟁이 치열하고, 적은 길은 좁지만 경쟁이 적겠다. 전자는 레드오션, 후자는 블루오션이지. 어느 길을 선택하든 다른 한 길은 포기해야겠지.

너는 어느 쪽을 선호하니? 아빠는 아무래도 흔적이 적은 길이 좋다고 생각해. 약간의 도전의식, 모험정신만 갖는다면 장래성이 더 크다고 보기 때문이지. 아빠 주변을 보면, 흔적이 많은 길을 택한 사람은 그저 그런 인생을 살고 흔적이 적은 길을 택한 사람은 아무래도 더 멋진 인생을 사는 것 같아.

어쩌면 흔적이 아예 없는 길을 택할 경우 훨씬 더 멋진 삶이 기다리고 있을지도 몰라. 탄탄대로 말이다.

기적을
바라지 마라

딸아, 너는 기적을 믿니? 상식적으로 기대할 수 없는 수준의 행운이 갑자기 찾아오는 기이한 상황 말이다. 사람들은 흔히 자기한테 기적이 일어나기를 바라지. 기적을 바라는 건 욕심이긴 하지만 그 자체가 나쁘다고는 할 수 없어. 하지만 필요한 노력을 제대로 하지 않은 채 기적만 바란다면 절대 기적은 일어나지 않아.

어떤 노숙자가 신에게 매주 복권 당첨의 기적을 달라고 열심히 기도했단다. 오랜 기도에도 당첨이 안되자 신에게 불평을 했어. 신이 그에게 이렇게 나무랐단다.

"너는 기도만 했을 뿐 복권을 한 번도 안 샀잖아. 당첨 안되는 게 당연하지."

딸아, 노력 없는 성공은 아예 바라지도 마라.

"우리가 삶에서 할 수 있는 최선을 다할 때 우리의 삶에도, 다른 이들의 삶에도 기적 같은 일이 일어날 수 있다."

헬렌 켈러가 한 말이란다.

시간이 없다는 건
언제나 핑계다

딸아, 미래를 준비하는 데 시간의 중요성이 얼마나 큰지 모른다. 시간은 누구에게나 쉼 없이 흐르기 때문에 붙잡을 수가 없어. 되돌릴 수도 없고 말이야. 그래서 다들 시간을 황금보다 귀하다고 말하지. 그러니 너는 주어진 시간을 잘 관리하고 낭비 요소를 제거하는 요령을 익혀야 한다. 시간은 남에게 휘둘리지 않고 주체적으로 관리하는 게 중요해. 빈둥빈둥 허비하는 시간 줄이는 것도 더없이 중요하고 말이다. 로마 철학자 세네카의 이 지적을 음미해보면 좋겠다.

"인간은 항상
시간이 모자란다고 불평하면서
마치 시간이 무한정 있는 것처럼 행동한다."

시간이 없다는 건 언제나 핑계일 뿐이야. 지금 이 순간 너에게 주어진 시간을 충실하게 보내는 것이 가장 중요해. 현재(Present)가 가장 소중한 선물(Present)이라는 말도 있잖아.

자투리 시간을
효율적으로 활용해라

딸아, 시간 관리를 비교적 잘하는 사람에게도 자투리 시간은 항상 발생한단다. 하루 일과 중에도 여러 번 발생하지. 잠깐씩 남는 시간이지만 모이면 꽤 많은 시간이 될 수 있어. 하루 30분이라도 한 달이면 무려 15시간이거든.

자투리 시간을 활용해야 한다고 해서 공부나 일을 쉬지 않고 하라는 뜻이 아니란다. 아무런 의미 없이 보내는 시간을 효율적으로 사용하라는 거지. 특히 정기적으로 발생하는 시간을 유익하게 활용하는 것이 중요해.

예를 들어 대학생이라면 강의 시간 사이에 두어 시간 빌 경우 조용한 벤치에 앉아 영어 듣기 공부를 하면 꽤나 유익하겠지. 직장인의 경우 출퇴근 시간 지하철에서 매일 30분씩 독서를 하면 참 좋을 거야. 아침에 일찍 출근해 시간 여유가 있다면 조용히 명상하는 습관을 들여볼 수도 있겠다.

공부는
평생 하는 것이다

딸아, 혹시 공부에 지치기라도 했니? 어릴 적 학교와 학원으로 내몰리며 쉬지 않고 책과 씨름했으니 그럴 만도 하지. 하지만 딸아, 공부는 학창 시절에만 하는 것이 아니고 평생 해야 한단다. 나이 스물이건 여든이건, 공부하는 사람은 젊은이고 공부하지 않는 사람은 늙은이란다.

공부가 중요한 이유는 경험보다 얻는 것이 훨씬 많기 때문이지.

"학습으로 일 년 동안 배울 수 있는 게 경험으로 이십 년 동안 배우는 것보다 더 많다."

영국 작가 로저 애스컴의 말이란다. 너처럼 습득 능력이 뛰어날 때, 한 살이라도 젊을 때 애써 공부해야 하는 이유란다.

공부가 지겹다면 억지로 할 것이 아니라 즐기는 방법을 터득해야겠다. 창의적이면서 실용적인 분야의 독서를 하거나 친한 사람들과 공부 모임을 갖는 것이 좋은 예이다.

경제 공부는
성공 안내자다

딸아, 아빠는 네가 어릴 때 경제 공부 시키지 못한 걸 내심 후회한단다. 아빠가 경제에 흥미가 없다 보니 너한테까지 영향을 미친 거지. 누구나 평생 돈과 더불어 살아야 하기에 어릴 적부터 돈의 흐름을 배우고 익혀야 하는데 아빠는 그 점을 소홀히 했던 것 같아.

지금이라도 늦지 않았어. 성공의 길에 경제 공부는 필수라고 봐야 해. 성공 안내자라고나 할까. 금융과 경제 정책 전반에 대해 기본 지식을 익힌 다음 투자하는 방법까지 배워야겠다. 주식 투자를 조금씩 해보는 것도 좋겠다. 가장 효율적인 경제 공부법 아닐까 싶다. '가장 빨리 돈 버는 법' 같은 제목의 경제 실용서를 가까이하는 것도 좋은 방법이겠다.

경제 신문 읽기도 권하고 싶구나. 어려운 경제용어를 자연스럽게 익히고 경제 흐름을 파악하는 데 상당히 도움 될 거야.

역사 공부는
삶의 지혜를 준다

　딸아, 로마 철학자 키케로는 역사 공부를 반드시 해야 하는 이유를 이렇게 표현했단다.

　"자신이 태어나기 전 일어난 일에 대해 무지한 사람은 계속 어린아이로 남아 있는 것이다."

　이런 말 듣고도 귀 막아버리면 곤란하겠지.

　역사를 알고 모르고의 차이는 사뭇 크단다. 역사란 과거와 현재의 대화라고들 하잖아. 동서양 과거사를 익히다 보면 무궁무진한 삶의 지혜를 얻을 수 있지. 역사책을 읽는 자만이 승리한다는 말을 아빠는 굳게 믿어. 역사 속에서 자신의 인생 롤 모델을 찾을 수 있거든.

　사실 역사 공부는 복잡하고 지루한 측면이 있어. 그래서 하는 말인데, 굳이 통사(通史)를 읽을 필요는 없어. 역사적 인물의 평전이나 자서전을 가까이해보렴. 그 사람의 일생을 통해 그가 살았던 시대상을 자연스럽게 파악할 수 있단다.

영어 공부는
하루 10분이라도 꾸준히 해라

딸아, 영어 공부 참 지겹도록 했지? 그럼에도 여전히 부족감을 느낄 것이다. 우리말이 아니니 고생스러울 수밖에 없어. 하지만 영어는 세계 공용어인 데다 무얼 하고 살든 조금씩은 필요할 테니 손놓지 말고 꾸준히 공부해야겠다.

실용영어는 누구에게나 필요한 시대야. 간단한 생활회화에다 이메일 교환 정도는 어렵잖게 할 수 있어야겠다. 영어 공부도 재미있게 해야 한다. 미국 드라마에 흥미를 가져보렴. 듣기 공부로는 최고 아닐까 싶다. 미국 일간 신문을 하나 골라 홈페이지를 방문해 관심 분야의 재미있는 기사를 자주 읽어보라고 권하고 싶구나.

외국어는 뭐니 뭐니 해도 꾸준히 공부하는 게 중요하지. 굳이 공부라는 느낌이 들지 않을 정도로 생활화하기 바란다. 아무리 바빠도 하루 10분이라도 공부하는 습관을 들였으면 좋겠다.

상식을 쌓기 위해선
뉴스에 익숙해야 한다

딸아, 일상에서 상식은 아주 중요하단다. 상식이 부족한 사람은 어딘가 덜 떨어진 사람처럼 비치거든. 보통 사람들이 알고 있거나 알아야 하는 기본 지식이 상식인데, 그게 부족하니 무식해 보이는 건 당연하지. 상식은 교양이 있고 없음을 평가하는 중요 잣대란다.

상식은 다양한 지적 수준을 반영하지만 뉴스만 가까이해도 기본은 확보할 수 있어. 또 지적 수준이 높아도 뉴스에 둔감하면 상식이 부족해 보여. 그래서 하는 말인데, 아무리 바빠도 주요 뉴스는 챙겨보는 것이 좋겠다. 그래야 각종 모임에서 여러 사람과 대화할 때 소외되지 않아.

정치는 뉴스의 왕이란다. 비록 정치에 관심이 없더라도 기본적인 소식은 알고 있는 게 좋아. 스마트폰으로 주요 일간지 기사를 한꺼번에 읽을 수 있는 세상 아니더냐. 중요한 건 관심이란다.

메모하는
습관을 가져라

"느닷없이 떠오르는 생각이
가장 귀중한 것이며,
보관해야 할 가치가 있는 것이다.
메모하는 습관을 갖자."

딸아, 영국 철학자 프랜시스 베이컨이 한 말이란다.
성공학 연구자들은 이구동성으로 메모 습관을
성공의 필수요소라고 강조하지. 아빠가 아는 사람들만 봐도
성공한 사람은 대개 메모하는 습관을 갖고 있단다.
이들은 번뜩 떠오르는 아이디어, 처음 만난 사람의 신상 정보,
갑자기 접한 이색 스토리 따위를 곧장 메모하지.
어떤 항공사 스튜어디스가 이런 경험을 말했단다.
"나는 일등석 칸에서 펜을 달라는 승객을 본 적이 없다.
그들은 모두 자신만의 필기도구를 갖고 다니는 것 같더라."
메모는 누구나 할 수 있는 일이야.
조금 귀찮지만 습관만 들이면 간단히 할 수 있거든.
너도 가방에 조그마한 수첩과 펜을 넣고 다녀라.

너를 위한 투자는
주저하지 마라

딸아, 사람은 자신의 건강을 위해, 그리고 지적 성장을 위해 부단히 단련해야 한다. 주어진 현실에 만족해 즐기기만 하고 자기계발 노력을 게을리할 경우 어느새 경쟁에서 뒤처진 자신을 발견하게 되지.

더 나은 너의 미래를 위해서는 너의 가치를 꾸준히 향상시켜야 해. 네 스스로 가치가 있다고 느낄 때 비로소 자신감이 생기며, 그래야 미래를 아름답게 개척할 수 있단다.

"나 자신에 대한 자신감을 잃으면 온 세상이 나의 적이 된다."

미국 시인 랠프 왈도 에머슨의 말이란다.

헬스장 이용권 구입, 외국어나 자격증 시험 공부를 위한 학원 등록, 대학원 진학 등에 들어가는 돈을 아까워하지 마라. 식비를 아껴서라도 돈을 마련해라. 또 그것을 위한 시간 투자도 아끼지 마라. 자기계발이야말로 가장 확실한 미래 투자란다.

성공 비결

누구에게나 '내일부터' 라는 말은 바람직하지 않아.
성공한 부자는 내일 할 일은 오늘 하고,
오늘 먹을 것은 내일 먹는 법이란다.
오늘 하루 최선을 다하는 것이 목표를 조기에 달성하는 지름길이야.

아무리 나쁜 결정도
결정하지 않는 것보다는 낫다

딸아, 인생을 살다 보면 결정해야 할 일이 얼마나 많은지 모른다. 특히 청년기엔 입시, 취업, 연애, 결혼, 주거 마련, 출산 등 중요한 결정을 해야 할 때가 많지. 아빠는 결단이 필요한 시점에 우물쭈물 망설이다 좋은 기회 놓쳐버리는 사람을 많이 보았단다. 우유부단을 넘어 결정장애 수준인 사람도 있어. 이건 성공가도에 큰 장애 요소란다.

최선의 결정을 하는 게 좋겠지만 여의치 않다고 판단되면 재빨리 차선의 선택을 할 줄도 알아야 한다. 아무런 결정도 하지 않는 것은 최악의 선택이거든.

"세상에는 너무 지나치게 쓰면 안 되는 것이 세 가지 있다. 그것은 빵의 이스트, 소금, 그리고 망설임이다."

탈무드에 나오는 말이란다. 영국 철학자 버트런드 러셀은 "망설이는 것보다 실패가 낫다"라고 말했단다.

안 해서 후회할 것 같으면
해보아라

딸아, 무언가를 해서 생기는 후회와 하지 않아서 생기는 후회 중 훗날 어느 쪽이 더 가슴 아플 거라 생각하니? 심리학자들은 단연 후자를 꼽는단다.

성공학 연구자 로빈 시거의 말도 이와 맞닿아 있어.

"인생의 막바지에는 실패한 것들을 후회하지 않는다. 그러나 간절히 원했으나 한 번도 시도하지 않았던 것을 후회한다."

딸아, 너는 어느 쪽이니? 예를 들어 마음에 드는 남자가 나타났을 때 사귀고 싶다고 당당하게 고백하는 편이니, 아니면 이 눈치 저 눈치 살피며 속 끓이는 편이니? 아빠는 전자가 좋다고 생각해. 설령 차인다 해도 잠시 창피할 뿐 두고두고 후회하지는 않을 것 같아서 말이야. 그래, 뭐든지 안 해봐서 후회할 것 같으면 약간의 실패를 감수하고라도 시도해보는 게 좋을 것 같아. 너는 젊으니까 말이야.

세상에
쓸모없는 일은 하나도 없다

딸아, 네가 길을 갈 때 직선 신작로만 밟는 건 아니지. 곡선으로 된 오솔길도 자주 이용할 수 있어. 곡선 오솔길을 이용한 시간을 낭비라 여길 수도 있겠지만 전혀 그렇지 않아. 그 경험이 살과 피가 될 수 있단다.

예컨대, 네가 대학 입시를 위해 논술 공부를 열심히 했는데 여러 대학 수시 논술전형에 다 떨어지고 결국 정시로 진학했다고 치자. 하지만 논술 공부에 바친 시간과 노력은 결코 헛된 것이 아니란다. 정시 면접 때, 대학에서 과제할 때, 취직해서 보고서 쓸 때 반드시 도움이 될 거야.

그러니 지금 네가 하는 공부나 일은 어떤 것이든 성공가도에 도움이 돼. 조금 돌아간다고 짜증내거나 초조해할 필요 없어. 당장은 효율성이 다소 떨어질 수 있겠지만 훗날 생각하면 아무것도 아니란다. 세상에 쓸모없는 일은 하나도 없다고 생각하렴.

롤 모델을
정해라

딸아, 네가 인생의 목표를 정했다면 그것을 먼저 달성한 사람을 찾아보아라. 그를 롤 모델로 삼아 닮고자 노력하면 성공가도에 큰 도움이 될 거야. 그의 특별한 장점을 찾아내 노하우를 배우는 거지.

로마의 황제 철학자 마르쿠스 아우렐리우스의 대작《명상록》에는, 첫머리에 자기 인생에 도움 준 사람들을 길게 나열해두었는데, 아빠는 그게 참 인상적이더구나. 모두 그의 롤 모델이자 멘토라고 봐야겠다.

롤 모델은 유명인이 아니어도 되고, 분야별로 여러 사람이어도 괜찮아. 네가 인생 목표를 이루는 데 자극을 주고 성공 길잡이가 되면 그만이지. 그런 점에서 부모나 친구, 후배도 얼마든지 좋은 모델이 될 수 있어. 참고로 아빠는 흐르는 물이 지금의 롤 모델이야. 겸손하고 부드럽고 포용하는 존재이고 싶기 때문이란다.

목표를 세웠으면
당장 실천에 옮겨라

딸아, 시작이 반이라는 말이 있지. 무엇이든 목표를 세웠으면 지금 당장 시작하는 게 중요하단다. 우리 주변엔 목표가 명확히 정해졌는데도 출발하지 않고 차일피일 머뭇거리는 사람이 참 많아. 준비 부족을 염려해서일 수도 있고, 두려운 마음이 작용해서일 수도 있겠다. 천성적인 게으름 때문이기도 하지.

독일의 대문호 괴테에게서 용기를 얻어보렴.

"시작하라, 시작 그 자체가 천재성이고 힘이고 마력이다."

그래, 누구에게나 '내일부터'라는 말은 바람직하지 않아. 성공한 부자는 내일 할 일은 오늘 하고, 오늘 먹을 것은 내일 먹는 법이란다. 오늘 하루 최선을 다하는 것이 목표를 조기에 달성하는 지름길이야. 미국 정치가이자 저술가인 벤저민 프랭클린은 "오늘의 하루는 내일의 이틀이다"라는 멋진 말을 남겼단다.

고개 들고 자신감으로
세상을 마주해라

딸아, 공부도 취업도 일도 연애도 자신감이 있어야 잘할 수 있단다. 자신감 있고 없음이 일의 성패를 가른다 해도 과언이 아니지. 아빠 군 복무 시절 부대 표어는 '하자, 하면 된다'였단다. 아주 간결하면서도 힘차게 자신감을 불러일으키는 구호지. 아침마다 이를 외치며 하루 일과를 시작했단다.

"할 수 있다고 믿는 사람은 그렇게 되고, 할 수 없다고 믿는 사람은 또 그렇게 된다."

프랑스 대통령을 지낸 샤를 드골의 명언이란다. 군인 출신으로 제2차 세계대전 후 프랑스를 부흥시킬 때 국민들에게 자신감을 심어준 말이지.

딸아, 설령 이성적 판단으로 불가능하다는 생각이 들어도 자신감을 갖고 도전해보렴. 자신을 믿고 담대하게 나아가면 방해할 자 아무도 없을 것이다. 절대 고개 떨구지 마라. 고개 들고 당당하게 세상을 마주해라.

길이 없으면
길을 만들어라

"길이 없으면 찾아라, 찾아도 없으면 만들어라."

현대그룹을 일군 정주영 회장이 즐겨 썼던 말이란다. 굳센 의지로 끊임없이 도전하고 상식을 깨뜨리며 혁신을 도모했던 기업인의 열정을 떠올리게 하는 말이지.

딸아, 인생은 수학공식처럼 딱 맞아떨어지지는 않는단다. 앞이 캄캄할 정도로 절망스러울 때도 있고, 크고 작은 장애물 때문에 한 발짝도 전진할 수 없는 상황에 내몰릴 때도 있지. 남들은 별 어려움 없이 전진하는데 혼자만 난관에 봉착할 수도 있단다.

이럴 때 숨 고르느라 잠시 멈출지언정 절대 포기하면 안 된다. 당면한 어려움을 장애물이라 여기지 말고 멋진 도전의 기회라 생각하렴. 정말 길이 보이지 않는다면 원점으로 돌아가 제3의 길을 찾아보자. 포기하지 않고 간절히 바란다면 우주나 신이 너를 도와줄 수도 있어.

벌떡 일어나
열정의 기폭제를 터뜨려라

딸아, 인생은 곱셈이라는 말이 있어. 좋은 기회가 왔을 때 0, 즉 아무 것도 하지 않으면 다른 조건이 아무리 좋아도 결과는 0이란다. 소극적이고 무사안일한 사람은 어떤 싸움에서도 이길 수가 없어. 입시도 취업도 사랑도 성공으로 이끌기 어렵지. 적극적인 자세로 열정을 가질 때 성공의 문이 열린단다.

맞아. 역사상 위대한 일은 모두 열정의 결과물이야. 위대한 인물도 예외 없이 열정적으로 산 사람들이지. 능력이 부족해도 열정적으로 살면 큰 성과를 올릴 수 있어.

"열정이란 그 위에 머뭇거림의 잡초가 결코 자랄 수 없는 화산이다."

중동의 성자 칼릴 지브란의 말이란다. 활활 타오르는 화산이 열정이라니, 정말 멋진 비유지. 그 어떤 장애물도 화산의 열기를 식힐 수 없다는 뜻일 게다. 열정이야말로 성공의 기폭제라 하겠다.

아기는 수백 번 넘어져야
걸을 수 있다

딸아, 첫돌 앞둔 어린아이가 걸음마 연습하는 모습을 유심히 본 적 있니? 아이는 쉬지 않고 일어나 걸으려고 하지. 수없이 넘어지지만 절대 포기하지 않고 다시 일어서지. 제 힘으로 걷게 되었음을 처음 확인하고 뒤돌아보며 씩 웃는 그 모습은 대성공의 환희란다. 너도 그런 때가 있었지.

그렇다. 무엇이든 성공하려면 인내와 끈기, 그리고 피나는 노력이 필요하단다. 전 영국 수상 윈스턴 처칠의 고교 성적은 전교 꼴찌 수준이었어. 그럼에도 끈질긴 노력에 힘입어 삼수 끝에 그토록 바라던 육군사관학교에 들어갈 수 있었지.

"성공이라는 못을 박으려면 끈질김이라는 망치가 필요하다."

베스트셀러 작가 존 메이슨의 말이란다. 성공의 길은 농구장 점프가 아니야. 그보다는 마라톤이지. 마라톤에서 승리하려면 끈기가 필수다.

별을 따라
홀로 걸어가라

딸아, 세상은 더불어 사는 곳이란다. 가족, 친구, 직장 동료 들과 어울려 동고동락하며 사는 게 인생이야. 그들이 마냥 좋은 것은 편안히 기댈 수 있는 든든함 때문이지.

그런데 딸아, 사람은 평생 남한테 기대어 살 수는 없단다. 그들이 항상 곁에 있지는 않기 때문이지. 그래서 홀로서기를 해야 해. 특히 성공적인 삶을 가꾸기 위해서는 가급적 일찍 홀로서는 법을 배워야 한단다.

"무리 지어 다니면서 성공한 사람은 없다. 뭔가를 배우거나 공부할 때는 먼저 홀로서기를 해야 한다."

일본 작가 사이토 다카시의 조언이란다.

그래, 홀로서기는 고교 졸업 후 성인이 되는 순간 실행에 들어가는 것이 좋아. 아무에게도 기대지 않고 혼자 나아갈 수 있는 역량을 가져야 해. 자강력 말이다. 별을 따라 홀로 걸어가는 연습을 하렴.

생각을 바꾸면
인생이 바뀐다

딸아, 성공가도에 변화는 필수란다. 공부를 하든 직장생활을 하든 사업을 하든, 평소 하던 대로만 하면 항상 제자리걸음이지. 변화해야 새롭고 좋은 기회가 생긴단다. 영어단어 Change(변화)와 Chance(기회)가 알파벳 하나 차이인 것은 우연이 아니야.

"생각은 말을 바꾸고, 말은 행동을 바꾸고, 행동은 습관을 바꾸고, 습관은 인생을 바꾼다."

마하트마 간디가 한 말이란다. 그래, 모든 변화는 생각이 바뀌는 데서 시작되지. 생각이 바뀌면 결국 인생이 바뀐다는 간디의 통찰이 가슴에 와닿지 않니?

잘못된 말과 행동, 습관을 바꾸고자 노력해보렴. 조그마한 것이라도 네가 변화의 주체가 되어야 한다. 누가 시켜서가 아니라 네 스스로 변화의 창조자가 되기 바란다. 지금 당장 무얼 바꿀지 리스트부터 작성해보렴.

결과 못지않게
과정도 중요하다

딸아, 영화배우 제임스 딘은 이런 말을 남겼지.

"만족은 결과가 아니라 과정에서 온다."

24년 짧은 생을 살면서 어떻게 이런 멋진 말을 할 수 있었는지 아빠는 고개가 갸우뚱거려진단다. 과정보다 결과에 매달리는 게 청춘의 상식인데 말이다.

솔직히 인생길에 결과는 중요하지. 좋은 학교에 진학하고, 좋은 직장에 들어가고, 좋은 배우자를 만나면 아무래도 행복하겠지. 하지만 노력한 과정도 결코 덜 중요하지 않단다. 목표를 향한 여정에서 후회 없이 최선을 다했다면 그 자체가 만족이고 행복이라고 생각하렴.

남들한테는 오직 결과만 중요할지 모르겠지만 자기 자신한테는 과정이 더 중요할 수도 있단다. 너는 실패에 대한 두려움일랑 벗어던지고 과정을 즐길 줄 알았으면 좋겠다. 그렇게 해야 좋은 결과에 다가설 수도 있단다.

시작이 반이라면
마무리는 전부다

딸아, 너도 어떤 일을 거창하게 시작했다가 흐지부지하고 마는 경우가 더러 있지. 작심삼일이라고, 운동과 공부가 대표적이겠다. 흔히 시작이 반이라고들 하지만 사실 더 중요한 것은 아름다운 마무리란다. 끝내기를 잘해야 과정도 만족스러울 수 있거든.

시작과 과정이 비교적 좋았으나 마무리를 깔끔하게 하지 못하면 자기 자신이 서글퍼져. 화룡점정(畵龍點睛)이라는 고사 알지? 용의 모습을 아무리 멋지게 그렸더라도 마지막으로 눈을 잘 그려 넣어야 하늘로 오르게 할 수 있단다. 유종의 미는 아무리 강조해도 지나치지 않아. 세상사 모든 일은 끝날 때까지 끝난 게 아니거든.

"아름다운 시작보다 아름다운 끝을 선택하라."

스페인 작가 발타자르 그라시안의 말이란다.

무슨 일을 하든 마지막까지 최선을 다하는 네 모습을 보고 싶구나.

잘나갈 때
조심해라

"가장 위험한 순간은
순풍에 돛 단 듯 잘나갈 때다.
자신을 과대평가하고
우쭐해질 위험이 있으니까."

일본 작가 사사키 쓰네오의 말이란다. 인생을 살면서 항상 염두에 두고
새겨야 할 말이다. 공부든 일이든 술술 잘 풀릴 때일수록 겸손하고 신중
해야 한다. 교통사고를 보면 알 수 있지. 대형 사고는 초보자보다 운전을
오래해서 잘하는 사람이 더 많이 낸단다. 조심하지 않고 욕심 부리며 과
속하기 때문이지. 연예인 인기나 주식 투자 수익이 곧잘 한 방에 날아가
버리는 것도 같은 이치란다.

딸아, 뭔가 잘 안 풀릴 때는 기죽지 않고 담대하게 행동하는 것이 중요해. 반대로 잘 풀릴 때는 자만을 경계하며 리스크 관리에 각별히 신경 써야 한단다. 또 한 번의 도약을 서두르기에 앞서 자신을 되돌아보며 겸손한 마음을 가져야 한다는 뜻이야.

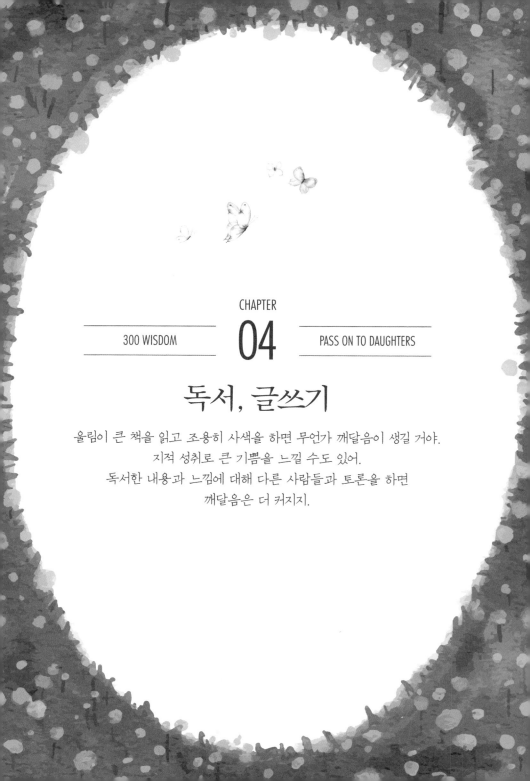

독서, 글쓰기

울림이 큰 책을 읽고 조용히 사색을 하면 무언가 깨달음이 생길 거야.
지적 성취로 큰 기쁨을 느낄 수도 있어.
독서한 내용과 느낌에 대해 다른 사람들과 토론을 하면
깨달음은 더 커지지.

책은
지혜의 보고(寶庫)다

딸아, 세상천지에 책처럼 유익한 물건은 없어. 불과 몇천 원, 몇만 원이면 동서고금의 지혜로운 사람들과 만날 수 있으니 말이다. 책이 없는 세상을 상상해본 적 있니? 철학자 토마스 바트린은 이런 말을 했단다.

"책이 없다면 신도 침묵을 지키고, 정의는 잠자며, 자연과학은 정지되고, 철학도 문학도 말이 없을 것이다."

개인도 사회도 암흑천지가 되겠지. 그래, 책은 누구에게나 가까이하면 유익과 즐거움을 주는 존재여서 더없이 좋은 친구란다. 멋진 꿈을 심어주고, 그 꿈을 실현하라고 지혜까지 건네주거든. 책 속에서 우연히 발견한 문장 하나가 인생을 완전히 바꿔놓을 수도 있어. 거기다 책은 친절하기까지 해. 정을 떼고 멀리했다가도 다가가면 언제나 변함없이 반겨준단다. 딸아, 지금부터라도 책을 가까이하렴.

특별히
할 일이 없으면 책을 펴라

딸아, 독서는 습관이란다. 습관이 들지 않으면 책이 손에 잘 잡히질 않지. 아빠도 예전엔 그다지 책을 가까이하지 않았어. 하지만 습관을 들이고 나니, 지금은 책 읽는 시간이 얼마나 즐거운지 몰라.

습관을 들이려면 아무래도 독서의 유익을 체감해야 해. 전혀 몰랐던 사실을 처음 알게 되었을 때 느끼는 짜릿한 희열 같은 것 말이다. 지적으로 성장한다는 느낌이 들면 자연스럽게 또 다른 책을 찾게 되지. 소설가 앙드레 지드는 독서의 유익을 이런 말로 표현했단다.

"나는 한 권의 책을 책꽂이에서 뽑아 읽었다. 그리고 그 책을 꽂아 놓았다. 그러나 나는 이미 조금 전의 내가 아니다."

딸아, 읽으면 유익할 것 같은 책 두어 권을 항상 곁에 두어라. 그리고 특별히 할 일이 없을 땐 그 책을 펴보렴. 하루 10분이라도.

젊은 시절 한번은
인문고전 독서에 푹 빠져보아라

딸아, 인문고전은 인간을 성장시키는 데 얼마나 중요한지 몰라. 인문고전이란 옛 사람들이 쓴 문학, 역사, 철학 저술을 말하지. 짧게는 100년, 길게는 3000년 전에 이 세상 천재들이 남긴 기록물이야. 오랜 세월 풍파를 거치며 검증된 책이어서 누가 언제 읽어도 유익하단다.

특히 철학고전은 인생에 살과 피가 된단다. 읽지 않는다고 크게 불행하진 않겠지만 읽으면 훨씬 행복해져. 각 분야에서 크게 성공한 사람치고 철학고전을 가까이하지 않은 사람은 드물다고 보면 돼.

인문고전 독서는 중학생 무렵부터 시작하는 게 좋겠지만 조금 늦은들 어떠랴. 50권, 100권 정도라도 중장기 계획을 세워 독파해보렴. 고전 독서는 정독이 필수란다. 한번이라도 작정하고 푹 빠져보렴. 네 앞에 전혀 새로운 세상이 펼쳐질지도 모른다.

가방에
시집을 넣고 다녀라

딸아, 너는 요즘 어떤 시를 읽고 있니? 류시화? 안도현? 릴케? 누군들 어떻겠니. 영혼의 양식이 된다면 어떤 시라도 좋아.

아빠는 요즘 서점 갈 때마다 시집을 꼭 한 권씩 사는 습관이 생겼어. 시는 누구에게나 희망을 주고, 위안이 되지. 시인의 정제되고 따스한 말 한마디가 읽는 이의 가슴에 향기로운 꽃을 심어주거든. 미국 시인 메리 올리버는 이런 말을 남겼단다.

"시는 단순히 나열된 단어들이 아니라 추위를 녹이는 불, 길 잃은 자를 안내하는 밧줄, 배고픈 자를 위한 빵이다."

딸아, 난해한 시를 읽을 필요는 없어. 쉽게 다가오는 느낌의 시가 최고지. 요즘 서점에 가면 명시를 분야별로 모아 편집한 시집이 많더구나. 집이든 카페든 가끔이라도 여유롭게 앉아 시 읽는 너의 모습을 보고 싶구나. 가방에 항상 시집을 넣고 다녔으면 좋겠다.

베스트셀러 소설은
가급적 찾아 읽어라

　딸아, 시와 함께 소설도 가까이하는 게 좋아. 소설은 무엇보다 재미를 추구하는 문학 장르지. 연애소설이든 역사소설이든 우선 재미있는 작품을 골라서 봐야겠다. 그런 소설은 대개 베스트셀러가 된단다.

　소설 읽기는 상상의 나래를 마음껏 펼 수 있기에 읽는 재미가 쏠쏠하지. 예를 들어 신경숙의 《엄마를 부탁해》를 읽다 보면 어느덧 독자는 주인공 딸이 되어 실종된 엄마에 대한 추억 속으로 빠져들지. 세르반테스의 《돈키호테》를 읽으면 유토피아를 찾아 거침없이 모험을 감행하는 중세 기사가 된 자신의 모습을 발견하게 되고.

　수없이 쏟아져 나오는 소설 중에 좋다고 입소문이 난 작품은 가급적 찾아 읽어보렴. 그리고 유명해서 제목은 익히 알지만 여태 보지 못했던 고전 명작소설도 하나하나 읽어보렴. 즐거움이 작지 않단다.

명언집을 곁에 두고
짬짬이 읽어라

딸아, 요즘 서점에 가면 명언집이 제법 보이더라. 독서할 시간을 확보하기 어려운 젊은이들이 많이 찾는다는구나. 윈스턴 처칠은 "충분한 교육을 받지 못한 사람은 명언집을 많이 읽는 것이 좋다"라고 했단다. 처칠 자신도 명언집을 즐겨 읽었다고 고백했지.

명언집은 교육을 많이 받은 사람에게도 유익하단다. 동서고금의 성현과 천재들, 성공한 사람들이 한 말이어서 울림이 클 수밖에 없어. 명언을 가까이하다 보면 그 배경을 알고 싶은 지적 욕구가 생긴단다. 그 말을 한 사람과 그 말이 담고 있는 시대적 배경을 탐구하고 싶어지지. 명언은 글쓰기에도 큰 도움이 돼.

명언집은 가까이하는 데 부담이 없어서 좋아. 집 소파나 직장 책상 위에 두고 하루 서너 개씩이라도 읽고 음미해보렴. 마음이 살찐다는 느낌이 들 거야.

독서 후엔
사색하고 토론하는 기회를 가져라

딸아, 책을 읽은 후에는 사색하고 토론하는 기회를 갖는 게 좋아. 읽는 자체도 유익하지만 읽은 내용에 대해 깊이 생각하고 그 생각을 남에게 설명하는 기회를 가지면 독서 효과가 배가되거든. 특히 고전독서 후에는 사색이 필수란다. 임진왜란 후《징비록》을 쓴 서애 류성룡의 말을 들어보렴.

"다섯 수레의 책을 읽고 술술 외우면서도 그 의미를 전혀 모르는 사람이 있다. 왜 그런 일이 생길까. 사색하지 않기 때문이다."

너는 어떠냐. 울림이 큰 책을 읽고 조용히 사색을 하면 무언가 깨달음이 생길 거야. 지적 성취로 큰 기쁨을 느낄 수도 있어. 독서한 내용과 느낌에 대해 다른 사람들과 토론을 하면 깨달음은 더 커지지. 토론할 상대가 없다면 친구, 배우자 등 가까운 사람에게 정리해서 얘기해주는 것도 나쁘지 않아.

서재를
꾸며라

딸아, 책을 가까이하기 위한 목적으로 서재를 예쁘게 꾸미길 권한다. 서재가 있으면 왠지 마음이 충만한 기분이 들지. 옷방은 따로 있으면서 서재가 없다는 건 조금 부끄러운 일 아닐까.

"비록 책을 읽을 수가 없더라도 서재에 들어가 책을 어루만지기만 해도 기분이 좋아진다."

조선의 문화군주 정조의 말이란다. 로마 철학자 키케로는 "책이 없는 집은 문이 없는 가옥과 같다"라고 했단다.

사실 책은 가정의 최고 장식품이 될 수 있어. 제대로 읽지도 않은 책을 비치하고 있는 게 무슨 의미냐고 말할 수도 있겠지만 다른 화려한 가구에 비하면 결코 나쁘지 않아. 서재가 있으면 아무래도 책을 많이 읽게 되고, 좋은 책을 사고 싶은 마음도 생긴단다. 별도의 방을 할애하기 어려우면 거실 한 귀퉁이 편안한 곳에 책장을 두는 것도 괜찮아.

비록 책을
읽을 수가 없더라도
서재에 들어가
책을 어루만지기만 해도
기분이 좋아진다.

매달 한 번은
서점을 방문해라

딸아, 풀꽃 시인 나태주는 〈서점에서〉라는 시에서 '서점에 들어가면 나무숲에 들어간 것같이 마음이 편안해진다'라고 노래했단다. 서점의 책들은 모두가 숲에서 온 친구들이라고도 했지.

그래, 서점에 가면 왠지 기분이 상기되고, 정다운 친구들을 만난다는 느낌이 들어 좋아. 너는 어떠니? 바빠서 그런지 요즘 서점에 잘 안 가는 것 같더구나. 출판 시장이 쇠락하는 바람에 서점이 많이 줄어들었지만 대형서점은 여전히 성업 중이야. 그런 곳에 가보면 신간 흐름과 베스트셀러 동향을 통해 세상의 트렌드를 한눈에 읽을 수 있어 좋단다.

딸아, 적어도 한 달에 한 번은 서점에 가보기 바란다. 한 달에 한 번은 어떤 책이라도 사서 읽어봐야 하지 않겠니? 서점을 잘 이용하면 정말 유익하단다.

선물로
책을 주고받아라

딸아, 근래 선물로 친구들에게 책을 주거나 받은 적 있니? 별로 없을 것 같구나. 요즘 책 선물 문화가 눈에 띄게 사라진 것 같아. 장식물이나 커피 이용권 따위를 수없이 교환하면서도 책을 외면하는 세태가 안타까워.

미국 대통령 에이브러햄 링컨은 "최고의 친구는 내가 아직 읽지 않은 책을 선물하는 사람이다"라고 했단다. 가난하게 성장기를 보내면서도 누구보다 독서에 심취했던 링컨으로선 책이 무척 그리웠을 것이다.

지금은 책이 아주 흔한 시대지만 선물로는 여전히 최고라고 아빠는 생각해. 친구가 평소 관심 갖거나 친구에게 유익한 책을 골라주는 성의는 다른 어떤 애정보다 값어치가 커. 친구와 정서적·지적 대화를 하는 것이나 마찬가지란다. 사랑이나 힐링을 주제로 하는 시집, 에세이는 누구에게나 좋은 선물이야.

종이신문 하나는 반드시 구독해라

딸아, 네가 종이신문 읽는 모습 본 지가 꽤 오래된 것 같구나. 일상이 바빠서 그렇겠지. 하지만 잉크 냄새 풍기는 신문을 한 장씩 넘기는 여유는 얼마나 좋은지 모른다.

디지털 시장이 확장되면서 종이신문이 외면받고 있지만 종이신문만의 특장은 여전히 살아 있어. 인터넷을 통한 뉴스 소비는 깊이가 얕다는 치명적인 약점이 있거든. 감각적인 뉴스가 범람하고 뉴스의 중요도 평가가 무시돼 독자들에게 세상을 보는 눈을 왜곡시킬 가능성이 있단다.

종이신문을 1면부터 마지막 오피니언 면까지 찬찬히 읽다 보면 세상 돌아가는 모습을 정확히 파악할 수 있어. 특히 오피니언 면의 각종 칼럼을 여유 있게 읽을 수 있는 강점이 있단다. 마음에 드는 종이신문 하나 정도는 반드시 구독했으면 좋겠다. 월 2만원이면 충분해.

글쓰기는
자기발견의 지름길이다

딸아, 글쓰기는 독서 못지않게 중요하단다. 독서는 필수지만 글쓰기는 잘하면 좋고 못해도 별 상관없다는 생각을 가진 사람들이 더러 있어. 아주 잘못된 생각이야. 글쓰기가 중요한 가장 큰 이유는 자기발견의 지름길이기 때문이란다. 글을 써보지 않으면 자기가 어떤 사람인지 정확히 파악할 수가 없어.

대학 입시나 취업 때 자기소개서를 써보면 알지. 대입 자소서를 써보면 고교 3년간 자신이 무슨 공부를 했고, 대학에서 어떤 공부를 하고 싶은지가 자연스럽게 정리되거든. 취업 자소서도 마찬가지야. 직장에서 어떤 일을 하고 싶고, 어떤 일을 하면 잘할 것 같다는 생각이 새삼 떠오른단다.

평소에 이런 저런 글을 많이 써보면 자신의 특장과 한계를 좀 더 일찍 발견할 수 있어. 자소서 대필은 자기발견의 기회를 놓치게 한단다.

세상이
글쓰기를 요구하고 있다

딸아, 글쓰기는 세상이 요구하는 필수 역량이란다. 자기소개서만 중요한 게 아니야. 기업에선 보고서와 기획안을 써야 하고 판사는 판결문, 교사는 교안을 작성해야 하잖아. 특히 디지털 시대를 맞아 인터넷 메신저나 전자우편 등을 통해 무언가 글을 쓰지 않으면 안 되는 세상이지.

글을 잘 쓰지 못하면 일상생활이 힘들어.

"글쓰기를 잘 못하는 사람들은 생각도 잘 못한다. 생각을 잘 못하면 남들이 대신 생각해줘야 한다."

소설가 조지 오웰의 말이란다. 글쓰기를 잘 못하는 사람이 들으면 섬뜩할 거야. 그런데 조금 과격한 말이긴 해도 틀린 말은 아니라고 생각해.

처음 사귀기 시작한 연인의 카톡 글 문장 구성이 엉망일 경우 정이 뚝 떨어질 것이다. 사랑을 구하기 위해서라도 글쓰기 훈련은 필수라고 해야겠다.

독서와 글쓰기는
한몸이다

딸아, 글을 잘 쓰기 위한 거의 유일한 방법은 독서란다. 글은 크게 문학적인 글과 논리적인 글로 구분할 수 있어. 문학적인 글은 특별한 감성이 요구되기 때문에 일반인이 접근하는 데 한계가 있어. 하지만 일상에 필요한 논리적인 글은 콘텐츠만 충분하면 누구나 잘 쓸 수 있단다. 문장 구성 능력은 고교 이상 학력자라면 누구나 쉽게 터득할 수 있거든.

딸아, 글쓰기에 독서가 중요한 이유는 머리에 든 지식이 많으면 많을수록 훌륭한 문장을 탄생시킬 수 있기 때문이란다. 책을 많이 읽는 수밖에 없어. 그런데 독서에도 전략이 필요하단다. 문장이 특별히 뛰어난 문학 작품이나 인문 철학서가 좋아.

작가 유시민은 박경리의 《토지》, 존 스튜어트 밀의 《자유론》, 칼 세이건의 《코스모스》를 열 번이라도 읽으라고 조언하더구나.

일기를
써라

    딸아, 아빠는 일기 쓰기를 생활화하길 권한다. 일기는 자신의 하루 생활을 정리해서 기록하는 글이라 좋은 점이 얼마나 많은지 모른다. 작가 이태준은 "일기는 사람의 훌륭한 인생 자습서"라고 칭송했단다.

    가장 좋은 점은 하루를 되돌아볼 수 있다는 것이지. 잘한 점과 잘못한 점을 솔직하게 평가해봄으로써 다음날을 발전적으로 계획할 수 있게 해준단다. 스스로에 대한 관찰 결과를 있는 그대로 표현함으로써 자기 내면의 속살을 발견할 수가 있지. 일상이 고달플 때 일기를 쓰면 자기도 모르게 힐링되는 이유란다.

    일기는 가장 기초적이면서도 가장 완벽한 수필이라고 할 수 있어. 매일 쓰다 보면 글쓰기 실력이 빠르게 향상돼. 어쩌면 최고의 글쓰기 학습법인지도 몰라. 훗날 자서전이나 전기를 쓸 때 귀중한 자료가 될 수 있음은 덤이야.

네 이름으로
책을 내라

딸아, 글쓰기에 관심이 있다면 가급적 젊을 때 네 이름으로 책을 내 보도록 해라.

'성공한 사람도 아닌데 내가 무슨 책을.'

이런 생각일랑 절대 하지 마라. 책은 성공한 사람만이 쓰는 것이 아니라 성공을 꿈꾸는 사람은 누구나 쓸 수 있는 것이란다.

책 쓰기가 대학교수 같은 전문가 전유물이던 시대가 있긴 했어. 일정 수준 이상의 스펙이 필요했지. 하지만 지금은 마음만 먹으면 누구라도 책을 낼 수 있는 세상이란다.

딸아, '나의 책'을 한 권 펴낸다는 것은 얼마나 큰 희열인지 몰라. 누구한테 자랑할 수 있어서가 아니라 최고의 자기계발, 자기 성장의 표현이거든. 성공으로 향하는 안전하고도 긴 다리를 놓는 셈이지. 어떤 분야에서 일하든 책을 한 권 쓰면 그 분야에 관한 한 전문가로 인정받을 수 있단다.

인간관계

남과 스스럼없이 친해지는 데는 진솔한 언행이 중요해.
특히 사적 대화를 통해 친밀감을 쌓는 과정에서는
자신을 진실하고도 솔직담백하게 표현할 필요가 있어.

인간관계는
행복의 90퍼센트를 결정짓는다

딸아, 행복은 인간관계에 달렸다고 해도 과언이 아니란다. 덴마크 철학자 쇠렌 키르케고르는 인간관계가 행복의 90퍼센트를 결정짓는 다고 했어. 행복뿐만 아니라 성공을 위해서도 인간관계는 더없이 중요하지.

행복을 탐구하는 철학자, 심리학자 들은 행복을 결정짓는 요인으로 인간관계가 수입, 재산, 학력, 권력, 건강, 외모 따위를 모두 합친 것보다 더 중요하다는 데 의견 일치를 보인단다. 행복을 결정하는 데 개인의 능력이나 성취는 그다지 중요하지 않다는 뜻이지. 한마디로 주변 사람들과의 관계가 원만하면 행복하고, 그렇지 못하면 불행하다는 말이지.

대인관계를 원만히 하기 위해서는 당연히 일정 수준의 노력을 기울여야겠다. 따뜻하게 배려하고 진정으로 존중해주는 마음씨가 기본이겠지. 만나면 기분 좋은 사람이 되도록 노력하렴.

칭찬하되
진정성을 담아서 해라

"나는 칭찬 한마디를 들으면 그것으로 두 달을 살 수 있다."

딸아, 이는 미국 소설가 마크 트웨인의 말이란다. 인간관계에서 칭찬이 얼마나 중요한지를 잘 설명해주는 표현이지.

이 세상에 칭찬 싫어하는 사람은 없어. 그런데도 우리가 칭찬에 인색한 것은 왜일까. 경쟁 심리나 시기 질투심이 은연중에 작용해서일 것이다. 속 좁은 생각이지. 돈 한 푼 들이지 않고 마음을 살 수 있는 게 칭찬인데 말이다. 칭찬은 원수를 은인으로, 적군을 아군으로 만들 수도 있단다.

다만 칭찬을 하되 남발해서는 안 돼. 상대방의 좋은 점을 솔직하게, 진심으로 인정하는 마음을 갖고 칭찬해야 효과가 있단다. 객관적으로 전혀 칭찬할 거리가 아닌데 칭찬할 경우 자칫 모멸감을 줄 수 있으니 조심해야겠다. 진정성이 중요하다는 뜻이지.

상대방이 중요한 사람임을
느끼도록 만들어라

딸아, 세상 모든 사람은 '중요한 사람'이 되고 싶은
욕망을 갖고 있단다.
이 욕망을 조금이라도 채워주거나 뒷받침해주면
그 사람과 쉽게 친해질 수 있어.
사업 파트너나 친구, 직장 동료는 말할 것도 없고
함께 사는 가족에게까지도 이런 배려를 하면 좋아.
이런 욕망은 돈이나 음식, 수면, 건강 따위로 대체될 수 없는
인간 고유의 본능이지.
오랜만에 어떤 친구를 만났다고 치자.
그동안 친구가 이룬 성취에 대해 '이름 값'을 인정해주는 것이
얼마나 중요한지 모른다.
그의 성취가 아무나 이룰 수 없는 소중한 것임을
인정해준다는 것을 느끼게 해주면 더없이 좋다는 말이다.
그 친구 마음을 살 수 있는 최고의 방법이지.
인간관계 전문가인 데일 카네기도 이 점을 유달리 강조했단다.

인사는
예의 바르게 먼저 해라

딸아, 인사하는 법을 유치원 다닐 때부터 익혔음에도 성인이 되어서도 서툰 사람이 있어. 너도 제대로 하고 있는지 스스로 살펴볼 필요가 있어. 인간관계에서 인사는 기본 중에 기본이거든.

인사는 먼저 하는 것이 제일 중요해. 회의나 모임에 참석했을 때 상하관계나 나이에 관계없이 먼저 다가가서 인사를 건네는 것이 좋아. 동네 이웃을 만나서도 마찬가지야. '쟤는 왜 나한테 먼저 인사하지 않는 거야'라고 따지기 전에 먼저 해버리는 것이 마음 편하고 좋다는 거지.

인사할 때는 기쁜 마음으로, 예의 바르게 해야 한다. 억지로 한다는 느낌을 주면 안 하느니만 못하지. 따뜻한 표정, 맑은 목소리가 필수란다. 상급자에겐 고개만 까딱할 것이 아니라 45도로 정중하게 인사를 해라. 그러면 품격 있는 사람이라는 인상을 준다.

이름, 반드시
기억해서 불러줘라

'내가 그의 이름을 불러주기 전에는/ 그는 다만/ 하나의 몸짓에 지나지 않았다/ 내가 그의 이름을 불러주었을 때/ 그는 나에게 와서/ 꽃이 되었다.'

김춘수의 시 〈꽃〉의 일부다. 사람의 이름을 불러주는 의미를 이처럼 명징하게 표현한 글이 또 있을까. 누구에게든 다정하게 이름을 불러주면 그가 예쁜 장미꽃이 되겠지만 불러주지 않으면 흔하고도 서로에게 의미가 되지 못하는 존재일 뿐이란다. 그래서 우리는 만나는 사람마다 이름을 불러줘야 해.

이름은 자기 것인데도 남이 더 많이 부르고, 많이 불릴수록 기분이 좋아. 태어나서 처음 받은 선물이기에 누구에게나 자기 이름은 소중하지. 그래서 한번이라도 통성명한 사람이라면 다음에 만났을 때 이름을 기억했다가 불러주는 것이 좋아. 성공한 사람치고 이름 잘 못 외우는 사람 드물단다.

첫인상 고치려면
6개월은 걸린다

딸아, 사람을 만날 때 첫인상이 얼마나 중요한지 모른다. 소통의 시작이기 때문이야. 제인 오스틴의 연애소설 《오만과 편견》을 보면, 첫인상에서 비롯된 편견을 해소하는 데는 상당한 시간과 노력이 필요함을 알 수 있지. 심리학 연구에 따르면, 첫인상은 불과 3초 안에 형성되지만 그것을 수정하는 데는 최대 6개월이나 걸린단다.

실제로 우리는 첫인상이 좀처럼 바뀌지 않고 오랫동안 판단의 기준이 된다는 것을 경험할 수 있어. 그렇다면 첫인상은 무조건 좋게 만들어야겠지. 용모와 복장, 표정, 말투, 매너, 분위기가 복합적으로 반영되는 모습이란다.

첫인상은 사람을 평가하는 데 더 중요한 성격이나 지식, 지혜를 제대로 반영하지 못하는 약점이 있지만 중시하지 않을 수 없어. 누군가를 처음 만날 때는 이 점 각별히 유의하고 대비하렴.

미소는
최고의 화장이다

딸아, 친구 중에 소리 없이 살포시 잘 웃는 아이가 있니? 아빠에겐 그런 친구가 두 명 있단다. 얼마나 친근하게 느껴지는지 몰라. 만날 때마다 기분이 좋아. 미소는 웃음과 달리 소리 없는 기쁨의 표현이지. 웃음이 본인을 위한 것이라면 미소는 남을 위한 것이라고 할 수 있어. 먹구름을 뚫고 살며시 얼굴 내미는 찬란한 햇빛이라 할 수도 있지.

미소 짓는 사람은 누구나 사랑받는단다. 가정에선 행복을 꽃피우고 사회에선 우정과 호의를 생산하지. 미소는 지친 사람에겐 안식과 위안을 주는 사랑의 묘약이야. 뭔가 잘못을 해도 미소 짓는 사람은 용서하고 이해해주고 싶단다.

딸아, 여배우 마릴린 먼로가 했던 말 음미해보고 오늘부터 당장 따뜻한 미소를 생활화해보렴.

"미소는 어떤 여자라도 할 수 있는 최고의 화장이다."

사적 대화를
많이 해야 친해진다

딸아, 어떤 사람과 친해지려면 사적인 대화를 많이 해야 해. 공식적인 만남을 아무리 자주 가져도 친해지기 어려워. 수십 명이 함께 모이는 동창회에 여러 번 가더라도 공식적인 자리에만 참석하고 헤어지면 개별적으로 친밀감을 갖기 어렵단다. 회사 동료들과도 마찬가지야.

아빠 경험으로는, 친해지는 데 2명 혹은 3명 만남이 가장 효과적인 것 같아. 처음에는 어색함을 피해 3명 정도 만나다 어느 정도 친해지면 2명이서 만나면 좋지. 그럴 경우 개인적 관심사나 가정사에 대해 깊은 얘기를 나눌 수 있거든. 의기투합하면 절친이 되고 말이다.

딸아, 절친이 되는 데는 상대방에 대한 배려가 가장 중요해. 여행을 하든 약속을 잡든 식사 메뉴를 정하든, 네가 조금 양보해서 상대방을 배려하면 친해지는 건 시간문제란다.

네 허물도
터놓고 얘기해라

 딸아, 남과 스스럼없이 친해지는 데는 진솔한 언행이 중요해. 특히 사적 대화를 통해 친밀감을 쌓는 과정에서는 자신을 진실하고도 솔직담백하게 표현할 필요가 있어. 자신의 약점과 단점, 가정의 허물, 성장 과정에서의 고생담, 치명적 실수 경험 같은 걸 터놓고 말하는 게 중요하지.

 자신의 본래 모습을 숨긴 채 겉모습 포장에만 급급하면 새로 만난 사람과 친해지기 어려워. 정서적 공감대가 형성되지 않기 때문이지. 누구나 솔직 담백해야 호감이 생긴단다.

 이효리나 유재석이 출연하는 TV 토크쇼가 인기 있는 이유가 뭐겠니? 잘난 체하지 않고 자기 단점을 거침없이 내뱉기 때문이지. 너도 이런 점에 유의할 필요가 있어. 네가 마음의 문을 활짝 열고 대하면 상대방도 자연스럽게 문을 열게 되어 있어.

경조사를
잘 챙겨라

딸아, 사회생활에서는 지인들 경조사가 자주 생긴단다. 젊은 시절에는 본인 결혼식, 나이 조금 더 들면 부모 장례식이 많지. 대인관계를 넓게, 그리고 깊게 유지하려면 이런 행사를 잘 챙기는 것이 중요하단다. 행사에 참석하지 않거나 부조금을 보내지 않을 경우 실례가 될 뿐만 아니라 자칫 관계에 금이 갈 가능성이 있거든.

경조사를 잘 챙기려면 당연히 돈과 시간이 필요하지. 그것을 부담이라 생각하면 지속하기가 쉽지 않아. 대신 투자라고 생각하는 게 마음 편해. 품앗이 성격이 강하기 때문에 길게 보면 많이 챙긴다고 손해 보는 것도 아니야. 축의금이나 조의금은 언젠가 돌아오거든.

때론 귀찮기도 하지만 지인들과 어울려 놀다 온다고 생각하면 즐거운 일일 수도 있어. 그리 많지 않은 금전으로 사람 마음까지 살 수 있어 좋기도 하고 말이다.

밥을
많이 사라

딸아, 대인관계에서는 밥 사는 것이 참 중요하단다. 우리가 즐겨 쓰는 말 중에 '밥 한번 먹자'라는 게 있지. 함께하는 식사 한 끼의 중요성을 상징적으로 보여주는 말이란다. 식사는 안면을 트고, 어색함을 허물고, 끈끈한 인맥을 쌓을 좋은 기회야.

밥이 중요한 이유는 그것이 곧 돈과 시간이기 때문이야. 누군가에게 점심이나 저녁을 한번 산다는 것은 거기에 소비되는 돈과 시간을 온전히 내어놓는 거잖아. 특별히 신세 진 것 없더라도 누군가와 친해지고 싶을 때 식사 자리를 마련하면 분명히 도움이 돼.

딸아, 주머니 사정이 괜찮다면 밥을 즐겨 사라. 세상에 공짜는 없어. 함께 밥 먹고 계산하지 않으려고 뒤꽁무니 빼는 것, 정말 꼴불견이다. 그리고 '언제 한번'이라는 말은 하지 마라. 밥 먹을 생각 있다면 당장 약속을 잡아라.

헤어질 때
좋은 인상을 남겨라

딸아, 미국 시인 헨리 롱펠로가 이런 말을 남겼단다.

"잘 시작하는 것도 훌륭한 일이지만 잘 끝내는 것은 더 훌륭한 일이다."

세상을 살다 보면 만남과 헤어짐은 일상적인 일이지. 만남이 중요한 만큼 이별도 중요하단다. 죽음이나 실연처럼 아주 슬픈 이별이 아니더라도 우리는 수시로 고만고만한 이별을 경험하곤 하지.

그럴 때 마무리를 잘해야 해. 학생 과외 끝낼 때, 인턴 근무 마칠 때, 직장 내 부서 이동할 때, 이직할 때 등 여러 일에서 좋은 인상을 남기도록 신경 쓰렴.

인연에는 끝이라는 게 없단다. 지금 헤어지는 사람과 언제 어떤 상황에서 또 만날지는 아무도 몰라. 좋은 인상 남기기 어렵다면 최소한 나쁜 인상은 남기지 않도록 해라. 원수를 외나무다리에서 만나는 상황만은 피해야 한다.

사과는
빠를수록 좋다

딸아, 살다 보면 큰 잘못은 아니더라도 상대방을 섭섭하게 하는 경우가 더러 있을 것이다. 그럴 때 미루지 말고 빨리 사과하도록 해라. 여배우 오드리 헵번은 "사과는 빠르게, 키스는 천천히"라는 말을 좋아했다더구나.

그래, 사과는 빨리해야 상대방으로부터 이해와 용서를 쉽게 받아낼 수 있단다. 시간을 끌면 마지못해 억지로 한다는 느낌을 줄 수 있거든. 사과에는 무엇보다 진정성이 있어야 해. 자신의 잘못이 무엇인지 분명히 알고, 직접 만나서 하는 것이 제일 좋아. 딱 세 마디면 돼.

'미안해, 내 잘못이야, 용서해줄래?'

사과는 하기 싫어도 해야 한단다. 애매할 때도 하는 것이 좋아. 지는 것이 이긴다는 말이 존재하는 이유란다. 사과는 어린 자녀에게도 해야 해. 분명히 잘못해놓고도 어른이라고 시치미 뚝 떼는 부모, 아이한테 결코 존경받지 못한다.

남을 함부로
비난하지 마라

딸아, 누구나 남을 비판 혹은 비난하고 싶은 심리가 있어. 덕담만 하며 살기에도 인생이 짧은데 참 안타까운 일이지. 성자가 아닌 이상 남비난 한번 하지 않고 살긴 어렵겠지. 그래도 가능한 하지 않기로 작정하고 노력하는 건 중요해. 비판과 비난에는 불평이 따르기 때문에 자기한테도 좋을 게 없어.

이 대목에서 영국 시인 새뮤얼 존슨이 남긴 유명한 문장이 떠오르는구나.

"하느님도 심판의 날이 오기 전까지는 인간을 심판하지 않겠다고 하셨다."

전지전능하다는 신도 심판을 유보하고 있다는데 우리네 보통 사람들이 남을 함부로 비난하는 건 건방지기 짝이 없는 노릇 아닐까.

딸아, 남을 비난하고픈 마음이 생길 때 조용히 눈을 감고 제 허물을 생각해보는 건 어떨까. 자기도 모르는 사이에 이해와 용서의 마음이 생길 수도 있을 것 같아.

뒷담화
하지 마라

딸아, 남을 함부로 비난하는 것도 나쁘지만 특히 뒤에서 그리하는 것은 더 나쁘단다. 앞에서 못하는 말을 뒤에서 하는 건 비겁한 행동이지. 아빠는 모든 뒷담화는 열등감에서 비롯된다고 생각해. 뒷담화 대상자는 대부분 뒷담화 하는 사람보다 앞서가고 있다고 보면 돼. 앞서가는 사람을 뒷담화로 깎아내리려는 건 비열한 심보지.

사실 뒷담화는 어리석은 짓이야. 뒷담화 내용은 십중팔구 당하는 사람 귀에 들어가고 말거든. 낮 말은 새가 듣고 밤 말은 쥐가 듣는다는 속담이 있듯이 세상에 완벽한 비밀은 없다고 보면 돼. 뒷담화는 그걸 하는 사람과 면전에서 듣는 사람, 그리고 당하는 사람 모두에게 상처를 준단다.

반대로, 자리에 없는 사람을 칭찬해보렴. 그 말도 십중팔구 귀에 들어간다고 보면 돼. 칭찬을 전해 듣는 사람은 얼마나 기분이 좋겠니.

화술

첫째, 이 말을 다른 사람이 아닌
내가 꼭 해야 한다고 생각될 때만 말하라.
둘째, 이 말을 지금 이 순간 하지 않으면
절대 안 된다고 생각될 때만 말하라.
셋째, 이 두 가지가 충족될 때라도
반드시 사랑을 담아서 말하라.

최고의 화술은
경청이다

딸아, 대화에서 경청의 중요성은 아무리 강조해도 지나치지 않아. 동서고금 위인들은 예외 없이 경청하라고 가르친단다. 《탈무드》에 경청의 중요성을 강조한 대목이 있어.

"귀는 친구를 만들고 입은 적을 만든다."

세상에 자기 말 잘 들어주는 사람 싫어하는 이 없고, 염치없이 자기 말만 하려는 사람 좋아하는 이 없어. 경청하면 배움이 되지만 말을 많이 하다 보면 실언으로 상대방에게 상처 줄 수도 있어.

딸아, 그럼 말을 어느 정도 하고 듣는 게 좋을까. 아빠는 과하다 싶을 정도로 많이 들을수록 좋다고 생각해. 누군가에게 '321 경청법'이라는 걸 전해 들었어. 3분간 듣고 2분간 맞장구치고 1분간 말하라는 거야. 자기 말을 너무 적게 한다는 느낌이 들긴 하지. 하지만 조심스러운 자리에선 괜찮아 보이기도 해.

질문을
많이 해라

딸아, 대화할 때 질문에 비중을 두도록 해라. 상대방에게 말할 기회를 많이 주면서 질문으로 그가 말을 계속 이어갈 수 있도록 해라. 그게 좋은 경청법이란다. 상대방이 말할 때 말을 끊지 말고 인내심을 갖고 들어주렴. 말이 끝나고 나면 추가 질문하는 것도 좋아. 이는 '당신 말은 들을 만한 가치가 있기에 내가 잘 듣고 있다'라는 의사 표시란다. 이런 배려를 싫어할 사람은 없어.

딸아, 질문을 잘하는 것은 대답을 잘하는 것보다 더 중요해. 후자가 똑똑한 사람이라면 전자는 지혜로운 사람이지. 아빠는 성공과 행복을 추구하는 데 똑똑한 사람보다 지혜로운 사람이 더 유리하다고 생각해.

질문을 잘하고 많이 하는 사람은 호기심과 창의성이 뛰어난 사람이기도 하지.

"가장 중요한 것은 질문을 멈추지 않는 것이다."

알베르트 아인슈타인의 말이란다.

상대방 관심사를 주제로
대화해라

딸아, 사람은 누구나 자기 관심사를 많이 얘기하고 싶어 한단다. 자기가 좋아하거나 잘 아는 분야를 주제로 대화하면 당연히 기분이 좋지.

처음 만나거나 아직 친하지 않은 사람에게 호감을 사려면 그 사람의 주요 관심사에 대해 질문을 계속하는 것이 좋아. 그 사람은 당연히 신이 나서 길게 설명하는 걸 즐기겠지. 이럴 경우 주제를 바꾸지 말고 더 얘기해달라고 하면 더욱 좋단다.

그 사람의 관심사가 멋지거나 중요한 주제이기는커녕 아주 사소한 일일 수도 있겠지. 지금 치과 치료를 받고 있는 사람이라면 미국 대선이나 한중 갈등보다 임플란트 치료 가격이나 실비보험 적용 여부가 더 큰 관심사일 수도 있지.

이런 점을 감안해서 질문을 하고 잘 들어주면 대화 분위기가 화기애애해질 수밖에 없어. 물론 인내심이 요구되는 일이긴 하지.

이야깃거리를
미리 준비해라

딸아, 고위 공직자가 사람들을 면담할 때 흔히 비서관으로부터 '말씀 자료'라는 것을 보고받는단다. 면담 대상자들의 주요 관심사, 해당 조직에서 최근에 벌어진 일, 지원 필요 사항 등을 주로 담지. 신상 정보는 기본이겠지. 아무리 바빠도 이런 내용을 잠깐이라도 훑어보고 사람들을 만나야 대화가 순조롭게 진행되기 때문이란다.

딸아, 우리네 보통 사람들도 상대방의 신상 정보와 관심사에 대해 가능한 상세하게 조사해서 알고 만나면 대화하기가 훨씬 수월하단다. 상대방이 자신에 대해 많이 알고 있으면 자신이 중요한 사람임을 인정받는 느낌이 들거든.

반대로 전혀 모르는 상태에서 만날 경우 대화가 겉돌 뿐만 아니라 뜻밖의 실수를 범할 수도 있어. 재미있는 질문거리나 유머를 구사할 만한 소재를 미리 준비하면 더 좋겠지.

사랑을 담아서
말해라

딸아, 언젠가 목회자 한 분이 침묵의 중요성과 방법을 이렇게 말했단다. 첫째, 이 말을 다른 사람이 아닌 내가 꼭 해야 한다고 생각될 때만 말하라. 둘째, 이 말을 지금 이 순간 하지 않으면 절대 안 된다고 생각될 때만 말하라. 셋째, 이 두 가지가 충족될 때라도 반드시 사랑을 담아서 말하라.

이 설교, 아빠에겐 아주 훌륭한 조언으로 가슴에 새겨져 있단다. 맞아, 말은 어떤 상황에서도 사랑을 듬뿍 담아서 해야 해. 어떤 시인은 "아름다운 입을 갖고 싶다면 친절한 말을 하라"라고 했지.

설령 비판하는 말을 하더라도 사랑의 마음을 담아서 하면 반감이나 불만을 줄일 수 있어. 가는 말이 고우면 오는 말이 곱지 않을 리 없단다. 미움의 마음으로 말하면서 사랑의 말이 돌아오길 기대하진 마. 그럴 바엔 차라리 말을 하지 않는 게 낫다.

짧게
요점을 말해라

딸아, 말은 내용을 줄여서 간결하게 하는 것이 좋아.
어떤 종류의 말이든 길게 늘어지면
설득력이 떨어지고 듣는 사람이 싫증 낸단다.
구구절절 배경 설명하다 보면
정작 본론이 흐지부지되기도 하지.
특히 요즘 사람들은 너 나 할 것 없이
길고 복잡한 걸 싫어하기 때문에 간단명료하게 말하는 것은
상대에 대한 배려이자 예의라고 할 수 있어.
공식 석상에서는 결론을 먼저 제시하고
그 이유를 간결하게 덧붙이거나,
첫째 둘째 셋째 식으로 일목요연하게 정리해서 말하는 것이 좋아.
일본 작가 사이토 다카시는 어떤 종류의 말도
1분이면 충분히 끝낼 수 있다고 했단다.
그분은 스톱워치를 갖고 '1분 말하기'를
연습하라고 조언하더구나.
아무튼 TMI(Too much information)는
되도록 줄이는 게 좋아.

천천히
또박또박 말해라

딸아, 말을 천천히 또박또박하는 방법을 익히면 좋겠다. 아빠도 말이 빠른 편인데 너도 조금 빠르다고 할 수 있지. 가족이나 친한 친구끼리는 별 문제없겠지만 격식을 갖춰야 하는 자리에선 천천히 또박또박 말하는 게 중요해. 전화로 대화할 때도 마찬가지야.

평소 말을 천천히 하는 사람도 긴장하거나 흥분되면 갑자기 빨라지는 경향이 있어. 누구나 말이 빠르면 발음이 새고 목소리가 커지면서 듣는 사람을 불편하게 하지. 긴장감이 커져서 꼭 해야 할 말을 놓치기도 해.

딸아, 말의 속도는 타고난 성격에 해당할 수도 있기에 고치기가 쉽진 않을 거야. 하지만 전문가들은 '잠시 멈추는 연습'을 하면 어렵지 않게 고칠 수 있다고 하더구나. 모든 문장 사이에 숨을 쉬면서 잠깐 멈췄다 가면 말이 또박또박해지면서 여유가 생긴단다. 함께 연습해 보자꾸나.

눈을 쳐다보며
말해라

아빠가 청년기 때 흥얼거렸던 대중가요 중에 〈눈으로 말해요〉라는 노래가 있어. 복음가수 권태수가 불렀지.

'눈으로 말해요 살짝이 말해요 남들이 알지 못하도록 눈으로 말해요.'

딸아, 대화에서 눈은 얼마나 중요한지 모른다. 가수는 입으로 소리 내지 않고 눈만으로 말할 수 있다고 노래하잖아. 반대로 생각해보면, 입으로 말을 하고 귀로 듣더라도 서로 눈을 맞추지 않으면 제대로 대화가 이뤄지지 않는다는 뜻으로 해석되는구나. 맞아, 말을 하거나 듣는 사람이 시선을 상대방의 눈이 아닌 다른 곳에 두면 불쾌하지. 자신감이 부족하다는 느낌을 주기도 한단다.

말을 할 때나 들을 때 끊임없이 다정한 눈빛을 교환하는 것이 좋아. 공감과 호감의 표시거든. 사랑하는 연인 사이가 아니라도 눈을 맞추며 대화하도록 노력하렴.

나지막하고
부드럽게 말해라

딸아, 말할 때 작은 목소리는 큰 목소리를 이긴단다. 부드러운 물이 단단한 돌을 이기는 것과 마찬가지지. 사람들은 흔히 자기 존재감을 드러내려는 욕심에 큰 소리로 말하지만 듣는 사람은 좋아하질 않아.

목소리의 크기는 매너와 반비례한다는 말이 있어. 사랑의 언어, 품격의 언어는 속삭임만으로도 충분해. 고함은 전혀 필요하지 않아.

딸아, 나지막하고 부드러운 말일수록 설득력이 있어. 남을 비판하는 말도 온화한 감정으로 차분하게 하면 상대방의 가슴을 열 수 있지만 큰 소리로 하면 기분만 상하게 하지.

어린 자녀를 훈육할 때도 마찬가지란다. 막무가내로 떼쓸 때 부모가 고함으로 제압하려 하면 반발을 초래하지만 무릎 접고 앉아 조곤조곤 타이르면 금방 이해하게 되지. 요즘 정치인들의 연설도 강약을 조절하며 나지막하게 하는 게 유행이란다.

유머를
적절히 구사해라

"주위 사람을 웃길 수 있는 사람만이 천국에 갈 자격이 있다."

딸아, 이는 이슬람 경전인 《코란》에 나오는 말이란다. 유머가 없으면 천국에 갈 수 없다니, 무섭지 않니? 유머가 중요한 이유는 더불어 살아가는 사람들에게 웃음으로 행복을 건네줄 수 있기 때문일 것이다.

누군가와 대화하는 자리에서 적절히 유머를 구사하면 금방 분위기가 살아나지. 대화에 큰 장애가 생겼을 때 유머가 반전의 기회를 만들어줄 수 있단다. 순발력 있는 해학과 위트가 더없이 중요하다고 말하는 이유란다. 그것은 상호 관계를 원활하게 만드는 한 모금 미소라 할 수 있어.

유머는 사적인 모임뿐만 아니라 크고 작은 발표 때나 강연회에서도 중요하지. 청중의 시선을 집중시키는 데 유머만큼 효과적인 도구는 없어. 그래서 유머 감각은 누구나 갖출 필요가 있단다.

유머, 노력하면
누구나 잘할 수 있다

딸아, 유머 잘하는 사람을 부러워만 할 게 아니라 배우려고 노력해보아라. 유머 교육이 일상화되어 있는 유대 사회에선 유머 없는 사람에게 '머리를 숫돌에 갈아야겠다'라는 말로 핀잔을 준다는구나. 유머를 반드시 가르쳐야 하고 가르치면 잘할 수 있다는 뜻이 들어 있단다.

유머는 성격이 밝고 말하기 좋아하는 사람에게 아무래도 유리하겠지. 하지만 그것은 열심히 배우면 누구나 취할 수 있는 삶의 기술이란다. 유머 달인이던 윈스턴 처칠이 젊은 시절 했던 것처럼 위인들이 남긴 멋진 문장들을 외우고 타이밍 포착 능력을 기르면 일정 수준까지는 오를 수 있단다.

코미디 황제라 불렸던 찰리 채플린도 코미디를 처음 시작할 때는 관객들에게 야유를 받을 정도로 유치하기 짝이 없었지만 피나는 노력으로 세계적인 스타가 됐거든.

훈계하는
말을 삼가라

딸아, 사람은 누구나 자신을 가르치려고 드는 사람을 별로 좋아하지 않는단다. 자타가 인정하는 훌륭한 어른이거나 부모가 아닌 이상 적절한 훈계조차 꺼리는 게 사람의 본래 심성이지.

그러므로 동년배에게 틀린 점을 지적하겠다며 논리적으로 혹은 길게 설명하는 것은 금물이란다. 설령 틀린 게 분명하더라도 '틀린 게 확실해'라는 표현은 쓰지 않는 것이 좋아. 영국 시인 알렉산더 포프는 이런 말을 했단다.

"인간은 가르치지 않는 척하며 가르쳐야 한다. 그가 모르고 있는 것이라도 잊은 것이라고 돌려서 말하라."

딸아, 우리가 흔히 하는 훈계도 자제하는 게 좋아. 꼰대 소리 듣기 십상이지. 나이 서른 전후에 꼰대 소리 듣는 사람도 있단다. 훈계는 듣는 사람에게는 십중팔구 잔소리일 뿐이야. 훈계하기보다 본인이 솔선수범하는 것이 좋겠지.

논쟁을
피해라

"논쟁을 이기는 방법은 세상에 단 하나밖에 없다. 바로 논쟁을 피하는 것이다. 방울뱀 피하듯, 지진을 피하듯 논쟁을 피해라."

인간관계 연구로 유명한 데일 카네기의 말이란다. 주장이 워낙 단호해 고개가 갸웃거려지지만 상당히 의미 있는 말 같아.

딸아, 너도 진리를 찾아가는 학업 과정이 아니라면 논쟁을 되도록 피하는 게 좋겠다. 어떤 종류의 논쟁에서도 완전한 승리란 없거든. 논쟁에서 이겼다 해도 굴복 당한 상대방이 기분 나쁠 가능성이 높기 때문에 별 의미가 없어. 상대방의 열등감을 부추기고 자존심에 상처를 가한 승리는 관계만 악화시킬 뿐이지.

상대방으로부터 진정성 있는 호의를 받아내지 못하는 한 상처뿐인 승리라고 해야겠다. 그런 승리 하지 않는 게 차라리 낫다고 생각하렴. 논쟁까지 가지 않고 사랑의 대화로 적절히 합의점을 찾는 게 삶의 지혜 아닐까.

아무리 속상해도
막말은 하지 마라

딸아, 살다 보면 속 상하는 일이 생겨 말이 함부로 튀어나오는 경우가 있지. 지나치면 막말이 되지. 막말은 가슴에 꽂힌 화살처럼 평생 기억되기 때문에 절대로 해선 안 돼. 노자는 이런 말을 했단다.

"칼로 벤 상처는 쉽게 아물지만 말로 벤 상처는 절대 아물지 않는다."

딸아, 유명인들이 자칫 한 번의 막말로 자기 꽃길 인생에 발목 잡히는 것 봤지? 막말은 남한테만 하는 것이 아니라 안타깝게도 부부간, 부모 자녀 간에도 비일비재하게 오간단다.

딸아, 말다툼하다 감정이 격해질 경우 입을 다물고 눈을 감고 심호흡을 해보거라. 화는 일단 유보하는 게 최고거든.

막말을 하는 이유는 인격적으로 문제가 있기도 하지만 바탕에 미움의 감정이 있기 때문이란다. 평소 미움을 사랑으로 바꾸는 것이 무엇보다 중요해.

성희롱 발언에
유의해라

딸아, 남녀가 쉽게 어울리는 세상이어서 성희롱 발언을 하거나 접할 가능성은 누구에게나 있어. 친구 사이는 대등한 관계여서 별문제 없겠지만 직장에선 이 문제가 언제 불거질지 몰라. 결코 남의 일이 아닐 수 있다는 거야.

우선 네가 말을 조심해야 해. 성희롱 발언은 남자만 하는 게 아니잖아. 남녀 불문하고 상대가 성적 수치심을 느낄 정도라면 문제가 되기 때문에 친한 사이라도 말을 가려서 해야겠다. 평소에 양성평등 개념을 정확히 이해하고 성인지감수성을 높이는 것도 중요해.

딸아, 혹시라도 네가 성희롱 발언을 접했을 때는 기민하게 대응하렴. 재빨리 조치를 취해야 추가 피해를 당하지 않을 수 있거든. 우선 엄마, 아빠하고 친한 친구한테 즉각적으로 알리고 조언을 듣는 게 좋아. 혼자 고민하고 쉬쉬해선 절대 안 돼.

스피치는
자신감이 전부다

딸아, 대학 수업이나 직장생활 중에 스피치 해야 할 때가 자주 있지? 과제물이나 보고서를 제출하는 데 그치지 않고 많은 사람 앞에서 직접 발표하거나 설득해야 하는 상황 말이다. 스피치는 사실상 자신감이 전부란다. 자신감이 없으면 괜히 주눅이 들고 온몸에 힘이 빠지거나 떨리곤 하지. 하지만 자신감이 충천하면 걱정할 것 하나도 없어.

그런데 자신감은 누구에게나 그 준비가 충분할 때 생긴단다. 스피치 성공 여부는 화려한 언변보다 메시지 전달 능력에 좌우되거든. 그런데 메시지를 잘 전달하려면 설명할 내용을 충분히 그리고 정확하게 파악하고 있어야겠다. 스피치는 단순한 말이 아니라 선물을 전하는 것이란다.

스피치 경험이 없어 많이 불안하다면 스피치 전문학원을 잠시 다녀보는 것도 나쁘지 않아. 자신감 키우는 기회가 될 수 있거든.

프레젠테이션은
백 번이라도 연습해라

딸아, 프레젠테이션해야 할 때도 많지? 요즘은 취업 면접에서도 더러 하더구나. 프레젠테이션도 일반 스피치와 마찬가지로 자신감이 중요하고, 자신감을 가지려면 준비와 연습을 많이 해야 한다.

프레젠테이션 준비의 핵심은 영상화면을 잘 꾸미는 거야. 콘텐츠의 논리가 정연해야 하고, 화면 디자인을 산뜻하게 꾸며야겠다. 화면에 텍스트를 얼마나 담을지도 중요하단다. 텍스트에 오탈자가 있으면 격이 확 떨어지지. 친구나 동료들에게 사전 검사를 받는 게 좋겠다.

영상화면이 완성되면 발표 연습은 많이 할수록 좋아. 아빠 지인은 이런 말을 하더구나.

"뇌를 비워도 말이 술술 나올 때까지 백 번이라도 연습해라."

중요한 프레젠테이션이라면 발표 현장을 미리 면밀하게 체크하렴. 화면 가동에 돌발 사고가 발생하지 않도록 말이다.

예의

고마움은 많이 느낄수록 행복해져.
그리고 그 고마움을 표시하면 상대방도 행복하지.
그러므로 고마움 표시는 아낄 필요가 없어.
가까운 사이일수록 적극적으로 고마움을 표시하도록 해라.

예의는
품격을 좌우한다

딸아, 요즘 예의라고 하면 케케묵은 윤리도덕 정도로 생각하는 청년들이 많지? 상급자나 연장자를 존경하고 받들라는 유교적 뉘앙스가 포함돼 있기에 그리 생각할 수도 있겠다. 하지만 예의는 시대와 장소를 불문하고 반드시 갖춰야 할 덕목이란다. 최소한의 사회 규범이라고 할 수 있지. 예의 있고 없음은 사람의 품격을 좌우한단다.

딸아, 예의가 경시되는 시대에 네가 남달리 예의를 잘 지키면 그만큼 좋은 평가를 받을 수 있어. 좋은 평가 받으면 네 기분이 좋고 성장하는 데도 도움이 되지. 그때그때 적은 돈 투자해서 큰돈을 벌 수 있는 셈이란다.

실제로 예의는 알게 모르게 세속적 유익을 가져다 줘. 서양에 이런 속담이 있단다.

"예의는 모든 문을 여는 황금 열쇠다. 모자를 머리에 쓰기보다 손에 들고 가면 훨씬 멀리 간다."

겸손은
예의의 기본이다

딸아, 예의 갖춘 사람이라는 평가를 받으려면 기본적으로 겸손해야해. 모든 종류의 예의에는 겸손이 바탕에 깔려 있거든. 교만하거나 거만해서는 절대 예의 바르다는 인상을 줄 수가 없어.

"벼는 익을수록 고개를 숙인다."

이 속담만큼 겸손의 품성을 잘 설명해주는 말은 없을 것이다. 남을 높이고 자신을 낮추는 태도야말로 사람을 빛나게 하지. 내세울 게 많은 사람이 겸손하면 더욱 빛나지.

딸아, 그런데 겸손과 교만은 종이 한 장 차이란다. 겸손이 지나치면 자칫 교만으로 비치거든. 객관적으로 볼 때 갖춘 것 꽤나 많은 사람이 부족하다고 너무 기어들어가는 소릴 해대면 듣기 거북하잖아. 그건 겸손이 아니라 위선이자 교만이란다.

"겸손은 보통 사람에게는 미덕이지만 위대한 재능을 가진 사람에게는 위선이다."

윌리엄 셰익스피어가 한 말이란다.

공중도덕은
반드시 지켜라

딸아, 나이 들어서는 공중도덕이라는 말 잘 안 들어봤지? 아마 초등학교 다닐 때 제일 많이 접한 단어가 아닐까 싶다. 공중도덕은 공동체의 기본적 사회 규범으로, 대부분 책임과 의무가 뒤따르는 제약이라고 봐야겠다.

딸아, 공중도덕은 어릴 때 가장 잘 지키고 나이 들수록 잘 안 지키는 경향이 있어. '나 하나쯤 이러면 어때' 하는 심리가 작동하지. 그런데 공공장소에서 눈살 찌푸리게 하는 행동은 여러 사람을 불편하게 하므로 조심해야 해. 때론 많은 사람의 기분을 상하게 하거든.

공중도덕은 당연히 지키는 게 정상이기 때문에 네가 잘 지킨다고 해서 특별히 빛나진 않아. 하지만 지키지 않으면 꼴불견이란다. 한순간에 품격이 떨어지고 말지. 대중교통을 이용할 때나 음식점, 공원 같은 곳에서는 네 편익에 앞서 다른 사람의 편익을 먼저 생각하렴.

음식점에서
떠들지 마라

딸아, 너도 많이 느낄 것이다. 음식점에서 옆 테이블 손님들이 시끄럽게 떠드는 것, 정말 싫지? 그런데 내로남불이라고, 자기가 시끄럽게 해서 다른 사람 민폐 끼치는 걸 모르는 사람이 의외로 많아. 잘 생각해봐, 너도 그런지 몰라.

대한민국 아줌마들 시끄럽다고들 하지. 사실은 예의 없다는 말이란다. 음식점에 가면 아줌마 서너 명이 눈치 없이 떠드는 모습 흔하잖아. 자기 아이 고함지르며 뛰어다니는 것 방치해놓고 말이다.

친한 친구들 만나면 당연히 편하게 떠들며 이야기하고 싶지. 하지만 어떤 경우에도 남에게 피해를 주면 안 돼. 음식점은 식사하는 곳이지 떠들고 노는 데가 아니거든. 남 피해 없이 떠들며 놀고 싶다면 두말할 것도 없이 별도의 방이 있는 장소를 선택하렴. 내 딸은 대중음식점 수다쟁이가 아니길 바란다.

엘리베이터 안에선
입을 다물어라

   딸아, 엘리베이터 이용할 때도 예절이 있단다. 손님이나 직장상사, 연장자와 함께 탈 경우에는 문이 열리면 먼저 타서 열림 버튼을 눌러 천천히 탈 수 있도록 배려하는 것이 좋아. 내릴 때는 열림 버튼을 누른 채 먼저 내리게 한 다음 자신은 마지막에 내리는 것이 예의란다.

   딸아, 아빠는 엘리베이터 예절 가운데 가장 중요한 것으로 대화 자제를 꼽고 싶어. 전혀 모르는 사람들이 함께 타고 있는 좁은 공간에서 떠들썩하게 큰 소리로 대화하는 건 정말 민폐야. 급하지도, 중요하지도 않은 얘기를 왜 굳이 엘리베이터 안에서 해야 하는지 이해할 수가 없어. 꼭 해야 할 얘기라도 속삭이는 수준이면 좋겠어.

   스마트폰도 마찬가지지. 통화 중이라면 아예 타지를 말고, 급한 전화 아니라면 엘리베이터 안에선 받지 않는 것이 좋아.

스마트폰 사용을
자제해라

딸아, 스마트폰은 문명의 혁명적 이기(利器)이지만 다른 사람들에게 큰 불편을 줄 수 있어. 대중교통 이용할 때 너도 많이 경험하잖아. 기차나 지하철, 버스에서 남 생각하지 않고 스마트폰으로 잡담하는 사람 참 많아. 네 또래 청년들도 마찬가지란다. 너는 어떤지 모르겠다. '용건만 간단히'라는 전화 예절은 당연히 스마트폰에도 적용해야 해.

딸아, 스마트폰은 자기 자신을 위해서도 사용을 자제하는 것이 좋아. 운전 중에 스마트폰을 조작하는 건 정말 위험한 행동이야. 조작이 꼭 필요하다면 갓길에 잠깐 차를 세우도록 해라. 보행 중 사용도 되도록 피하는 게 좋아. 넘어지거나 각종 시설물과 부딪치기 십상이니까. 특히 횡단보도 건너면서 오가는 차량 살피지 않고 화면에 시선을 두는 일은 절대 없도록 해라. 아슬아슬한 장면을 아빠가 자주 본단다.

노약자에게
자리를 양보해라

딸아, 요즘 대중교통을 이용해보면 노약자에게 자리 양보하는 미풍양속이 아예 사라져버렸다는 느낌이 들어. 아빠 어릴 때와는 전혀 딴판이지. 과거와 달리 노약자석을 많이 지정해놓긴 했지만 러시아워 때 노약자의 불편은 여전히 커. 지금은 웃어른을 섬긴다는 개념 자체가 없다는 느낌마저 든단다.

일부 못된 청년들은 노인들이 러시아워 때 왜 나다니느냐며 따진다더구나. 안타까운 일이 아닐 수 없어. 불가피하게 그 시간에 다녀야 하는 노인들의 고충을 생각하면 절대 그런 말 할 수가 없지. 어쩌면 경제 사정이 어려운 노인일 것이다.

딸아, 버스나 지하철에서 자리를 양보하면 기분이 상쾌해져. 서서 가면 하체 운동 된다고 생각해라. 건강한 청년이라면 일부러라도 그렇게 하겠다. 노인이 다가올 때 눈 감거나 스마트폰 들여다보는 딸이 아니길 바란다.

이웃과
목례라도 하고 지내라

딸아, 세상이 각박해진 요즘 이웃 사람들과 터놓고 지내기가 쉽지 않더구나. 청년들은 어른들과 아예 눈을 맞추지 않으려고 해. 젊은 엄마들은 자녀한테 이웃에게 인사하라고 가르치지도 않는 것 같아. 아파트 입구나 엘리베이터에서 아는 사람 만나도 안면몰수이니 얼마나 어색한지 모른다.

하지만 딸아, 이웃은 먼 곳에 사는 친척보다 소중할 수도 있어. 이웃 사촌이라는 말이 왜 생겼을지를 생각해보렴. 잘 지내면 외로움도 덜고, 서로 도움이 돼.

"덕이 있는 사람은 외롭지 않나니 그에게는 반드시 이웃이 있다."

공자 말씀이란다.

아파트 사는 사람들에게는 사생활이 소중하므로 굳이 삶의 울타리를 허물 필요까진 없겠지만 동네에서 지나칠 때 인사 정도는 하고 사는 게 좋을 것 같아. 인사말까지 섞지는 않더라도 가볍게 목례라도 하면 좋겠어.

이사 가면
떡이라도 돌려라

딸아, 아빠는 이사 떡 돌리는 풍습이 사라지는 게 못내 아쉽단다. 아빠가 결혼할 무렵만 해도 이사하고 떡 돌리는 건 거의 필수였어. 시루떡이나 찹쌀떡 조금 넉넉하게 해서 여러 이웃에게 나눠주며 인사하는 풍습, 얼마나 좋으냐. 미리 눈도장 찍어놓으면 길 가다 만나도 어색하지 않아서 좋고, 떡은 주는 사람이나 받는 사람이나 부담되지 않아서 또한 좋지.

이사 떡 돌리기는 충간 소음과 같은 이웃 간 시비를 예방할 수 있다는 점에서도 꼭 권하고 싶구나. 떡이라도 나눠 먹고 얼굴 트고 살면 최악의 분쟁은 피할 수 있거든. 위생을 중시하는 세상이라 떡을 꺼릴 것 같으면 다른 선물을 택해도 상관없어. 뭐라도 자그마한 마음 전하면서 인사하는 게 중요하니까. 우리 딸은 이웃과 더불어 사는 사람이 되었으면 좋겠다.

고마움은
늦기 전에 표시해라

딸아, 살다 보면 고마운 일이 얼마나 많은지 모른다. 내게 크고 작은 도움을 주는 사람이 적지 않지. 가족, 친구, 선후배, 직장 동료, 이웃 등 모두가 더불어 살며 사귄 사람들이잖아. 그런데 우리는 그들의 배려와 관심으로 행해진 고마운 언행을 모르고 지나치는 경우가 많아. 당연한 것으로 받아들이기 때문이겠지.

고마움은 많이 느낄수록 행복해져. 그리고 그 고마움을 표시하면 상대방도 행복하지. 그러므로 고마움 표시는 아낄 필요가 없어. 가까운 사이일수록 적극적으로 고마움을 표시하도록 해라. 나중으로 미루지 말고 당장 해라. 따뜻하게 인사하는 말로 할 수도 있고, 정성이 담긴 자그마한 선물로 표시해도 좋아.

중요한 것은 늦기 전에 해야 한다는 거야. 상대방에게 섭섭한 마음이 들지 않도록 적기에 하라는 거야.

SNS 공간에서
너무 나대지 마라

딸아, 요즘 카톡, 페이스북, 인스타그램 같은
SNS 공간의 활동이 보편화되어 있지.
여러 사람이 어울리는 일종의 공동생활 공간이라고 해야겠다.
청년들은 더 익숙한 공간이지.
그런데 얼굴 안 보이는 곳이라고 언행을 함부로 하는 사람이 많아. 자기
이미지가 노출되므로 각별히 예의를 지켜야 해.
다른 사람에 대한 존중과 배려가 필수란다.
아빠가 가장 꼴불견으로 여기는 것은 염치없이
너무 나대는 언행이란다. 별 의미 없는 글을 수없이 써 올리며
자기를 자랑하거나 자기 생각을 강요하려는 행위는
한마디로 민폐야. 특히 정치적·종교적 성향을
노골적으로 드러내는 것은 교양 없음의 표현이야.
표현을 함부로 해 마음의 상처를 주는 행위,
남의 사진을 마음대로 게재하는 행위,
남의 글을 무작정 퍼 나르는 행위는
삼가도록 해라.

상대방 주변 사람들의
안부를 물어라

딸아, 누군가를 만나 인사가 끝나면
그와 관련된 사람들의 안부를
정중하게 묻는 것이 예의란다.

친한 친구를 오랜만에 만났다고 치자.
친구 어머니가 병중에 있음을 안다면
당연히 어머니 병세에 대해 물을 줄 알아야 한단다.
친구에 대한 최소한의 관심이자 애정 표현이지.
이런 경우 안부를 묻지 않는다면 친구가 섭섭해할 수 있어.
직접 만나지 않고 전화 통화할 때도 마찬가지란다.
주변 사람들에 대한 관심은 곧
그 사람에 대한 관심이라고 봐야겠다.
안부를 묻는답시고 상대방에게 약점이 될 수도 있는 부분을
건드리는 것은 피해야겠다.
예를 들어 친구 아빠가 실직으로 힘들어하고 있는 상황에서
그것을 숨기고 싶은 친구 마음도 모른 채
자꾸 드러내서 묻는 것은 실례란다.
그때그때 잘 가려서 물어야겠다.

식사할 때
상대방과 속도를 맞추어라

딸아, 식사 예절 중 아빠가 가장 중시하는 건 속도 조절이야. 아주 친한 사이가 아닌 이상 속도를 안 맞추거나 못 맞추면 서로에게 실례 거든. 식사는 천천히 하는 게 건강에 좋지만 예의를 생각하면 동시에 끝마치는 게 가장 바람직하지.

회전율이 빠른 분식점에서 둘이서 식사한다고 치자. 분위기상 둘 다 평소 속도와 관계없이 되도록 빠른 속도로 먹는 게 좋겠지. 그런데 한 사람은 지나치게 빨리 먹고 다른 한 사람은 지나치게 천천히 먹을 경우 천천히 먹는 사람은 불편하고 빨리 먹는 사람은 미안한 마음이 들겠지. 이런 상황이 생기지 않도록 서로 적절히 조절하는 게 좋아.

느긋하게 먹을 수 있는 음식점이라면 평소 속도가 빠른 사람이 조금 천천히 먹도록 신경 써야겠다. 그것이 배려이자 예의란다.

어른 찾아뵐 때는
뭐라도 선물을 준비해라

딸아, 아빠 대학 시절 네 할머니한테서 받은 가르침 하나 전하고 싶구나. 할머니 하신 말씀 지금도 귀에 쟁쟁하단다.

"(외)할머니 찾아뵐 때는 과자라도 한 봉지 꼭 사서 가거라. 할머니가 네 얼굴보다 손을 먼저 쳐다보실지도 몰라."

이 말씀 듣고 느낀 점이 많았어.

선물은 따뜻한 마음의 정표란다. 젊은 사람들 사이에선 선물이 그다지 중요하지 않을 수도 있어. 하지만 어르신들은 그렇지 않아. 외로움 느끼는 조부모의 경우 흔히 손주들에게 얼굴만 보여주면 된다고 말씀하시지. 그렇더라도 찾아뵐 때는 조그마한 것이라도 선물을 준비하도록 해라.

성장기 청소년이라면 상관없어. 하지만 성인이 되었거나 취업을 했다면 반드시 무언가를 손에 들고 찾아뵙는 것이 도리란다. 돈벌이 없는 학생이라면 아이스크림 하나라도 좋겠다.

결혼식이나 장례식 갈 때
정장을 해라

딸아, 요즘 외부 공식 옷차림이 급격하게 캐주얼화 하면서 정장 차림이 거의 사라지다시피 했더구나. 대통령이 주재하는 국무회의에서도 넥타이를 매지 않을 정도이니 말해서 뭐할까 싶다. 대부분의 직장에서도 남녀 가릴 것 없이 정장 차림을 찾아보기 힘들게 됐어.

하지만 딸아, 남의 결혼식이나 장례식에 갈 때는 되도록 정장을 하는 것이 좋아. 상대방에 대한 예의란다. 결혼식의 경우 혼주 입장에서는 사돈댁이 함께하기 때문에 자기 쪽 하객의 품격을 생각할 수밖에 없어. 남들이 어떻게 하든 너는 단정한 복장을 하도록 해라.

장례식도 마찬가지인데 고인에 대해 경건한 마음을 가지려면 우선 복장이 깨끗해야 해. 관습에 따라 화려한 옷 대신 검은색 계통 옷차림으로 정중하게 예를 차리는 것이 좋아.

결혼식장에서 신랑 신부와 혼주를
함부로 평하지 마라

딸아, 남의 결혼식장에서는 말을 조심해야 해. 양쪽의 하객이 뒤섞여 있기 때문에 누군가 툭 던지는 말 한마디가 큰 실례가 될 수 있단다. 양쪽 집안이 이제 겨우 합쳐지는 순간이어서 숨기고 싶은 비밀이 있을 수도 있거든. 그런 비밀이 엉뚱하게 제삼자에 의해 드러나는 건 바람직하지 않아. 축복받아야 할 사람들에게 상처가 될 수도 있어.

또 신랑 신부나 혼주의 외모를 폄훼하는 말은 절대 삼가야 한다. 듣고 있는 사람들 중에 그들 가족이 포함돼 있을 가능성이 얼마든지 있거든. 설령 농담 삼아 하는 말이라도 가족 입장에서는 크게 기분 상할 수 있음을 명심하기 바란다.

그리고 결혼식장엔 되도록 일찍 도착하는 것이 좋아. 그래야 느긋하게 인사를 나눌 수 있지. 늦어서 헐레벌떡 뛰어 들어오는 모습은 품격에도 좋지 않아.

장례식장에서
실언을 조심해라

딸아, 장례식장에 가서 문상할 때는 실언하지 않도록 조심해야 한다. 장례식장에 자주 다니는 사람도 뜻밖의 실언으로 곤혹스러워하는 모습을 아빠는 여러 번 봤단다.

가장 대표적인 실언으로 "아이고 그 정도 연세라면 오래 사셨네요, 호상이군요"라는 말을 꼽을 수 있겠다. 상주 입장에선 부모가 아무리 오래 사셨어도 절대 호상일 수가 없거든. 위로한답시고 이런 말 불쑥하지만 가만히 새겨보면 아주 잘못된 인사말이지. 그냥 "상심이 크시겠습니다"라거나 "고인께서 반드시 천국에 드실 겁니다" 정도로 간단하게 인사하는 게 좋아. 잠시 상주 손 잡고 슬픈 표정을 짓는 것도 나쁘지 않아.

고인에게 인사할 때는 문상객 자신의 예법에 따라 마음대로 해도 되지만 상가에서 종교 등을 이유로 굳이 요구하는 방식이 있다면 따르는 게 좋겠다.

품격

아랫사람에 대해 사적 모임에선 편하게 대하더라도 공식 회의 석상이나
직장 내 여러 사람이 모인 자리에서는 깍듯하게 존칭을 하는 것이 좋다.
특히 평소 친분이 없는 제삼자가 동석했을 때는
반드시 존칭을 하는 것이 예의다.

물에서
품격을 배워라

딸아, 나이 서른 정도 되면 멋있다거나 품격 있다는 평을 가끔이라도 들을 수 있어야 해. 그런데 멋, 운치, 기품, 고상함, 세련미를 연상케 하는 품격은 쉼 없이 갈고닦아야 갖출 수 있단다. 안팎으로 아름다움을 겸비해야 제대로 드러나거든.

딸아, 물에서 품격을 배워보렴. 아빠는 모든 사람이 흐르는 물을 닮으면 좋겠다는 생각을 가끔 한단다. 물은 항상 낮은 곳으로 흐르고, 부딪치면 돌아가고, 온갖 오물을 품고 내려가잖아. 겸손과 화평 그리고 포용력을 상징하지. 물처럼 자신을 낮추고, 남과 싸우지 않고, 어려운 사람 품어주면 품격이 저절로 생기지 않을까 싶다. 물론 그런 품격을 지키려면 상당한 인내심이 필요할 거야.

"왕관을 쓰려는 사람은 그 무게를 견뎌야 한다."

윌리엄 셰익스피어의 희곡 〈헨리4세〉에 나오는 말이란다.

너만의 향기를
풍겨라

딸아, 멋있다는 평을 받으려면 향기 나는 사람이 되어야 해. 향기 중에서도 남을 사랑하고 배려하는 향기가 제일 좋아. 어려운 상황에서도 그것이 변하지 않으면 더 좋겠지. 이런 향기를 너만의 것으로 간직하렴. 그리고 그 향기 맡고 싶은 사람 다가오면 아낌없이 풍겨주렴.

사랑과 배려의 향기란 어떤 것일까? 착하고 아름다운 마음씨라고 봐야겠다. 배고픈 사람에게 자장면 한 그릇이라도 선뜻 사주려는 마음, 추위에 떠는 사람에게 담요 한 장이라도 얼른 내어주려는 마음, 욕심부리지 않고 조용히 양보하려는 마음, 남의 허물을 조건 없이 덮어주려는 마음, 자신을 뽐내지 않고 낮추려는 마음….

이런 향기 잘 간직해야 한다. 한겨울 눈보라 강추위에도 변함없는 매화 향기처럼 지속되어야 한다. 너만의 향기로 세상을 조금이라도 아름답게 꾸며나가렴.

명예를
중요하게 여겨라

딸아, 품격 있는 사람은 돈이나 권력보다 명예를 중시한단다. 성공했음을 규정하거나 행복을 찾아가는 데 명예는 돈이나 권력에 비해 조금도 덜 중요하지 않아. 아빠 생각에 돈은 정말이지 남들보다 특별히 많을 필요가 없고, 권력은 그야말로 화무십일홍(花無十日紅)이란다.

돈과 권력, 이 두 가지 세속적 성공을 좇다가 명예를 잃어버리면 모든 걸 잃는 거야. 명예롭지 못한 성공은 양념하지 않은 요리와 같아서 배고픔을 면하게 하지만 맛이 없다고 하지.

명예란 세상에서 훌륭하다고 인정되는 이름이나 자랑거리를 지칭한단다. 존엄이자 품위이기도 하지. 우리네 보통사람들도 크기가 다를 뿐 누구에게나 지킬 명예가 있어. 지금부터 늘 그런 생각을 하며 살기 바란다.

"옷은 새것일 때부터, 명예는 젊을 때부터 소중히 하라."

러시아 시인 알렉산드르 푸시킨의 말이란다.

지혜로운 사람이
되어라

딸아, 세상을 살아가는 데, 특히 품격을 지키며 살아가는 데 지혜가 얼마나 중요한지 모른다. 지식과 지혜 둘 중 하나를 고르라고 하면 아빠는 주저 없이 지혜를 택할 것이다.

지혜는 사물의 이치를 빨리 깨달아 정확히 처리하는 능력이어서 정신적 훈련과 수양이 필요하단다. 일정한 지식에다 합리성, 안목, 통찰, 눈썰미, 요령 등이 어우러져야 갖출 수 있거든. 배우고 익히기만 하면 쌓이는 지식과는 차원이 다르지.

딸아, 네가 의미 있는 결정을 해야 할 때 과연 어떻게 하는 것이 지혜로울까를 항상 생각하렴. 지혜로운 사람은 절대 손해 보지 않아. 당장은 손해일지 모르지만 길게 보면 도움 되는 결정을 하지. 그러면서도 좋은 평판을 얻는단다. 앞을 내다보는 통찰의 결과물이거든. 지식이 과거라면 지혜는 미래라고 말하는 이유 아닐까 싶다.

지적 교양인이
되어라

"살아보니 경제적으론 중류층, 정신적으론 상류층으로 사는 사람들이 행복하더라."

딸아, '백세 철학자' 김형석 교수님의 말씀이란다. 철학자의 성찰이 아니더라도 누구나 행복해지려면 정신적으로 성숙해야 해. 정신적 성숙은 교양인의 모습으로 외부에 드러난단다.

그래, 교양인은 조화로운 인품에다 지적 능력을 필요로 하지. 인품이 아무리 훌륭하다 해도 지적 수준이 낮으면 교양인이라 할 수 없어. 미개인을 교양 있다고 평하지 않듯이 말이다. 그래서 교양인이 되려면 끊임없이 공부해야 해.

여럿이 모인 자리에서 탄소중립이 화제에 올랐다고 치자. 그것이 무엇을 뜻하며 최근에 왜 뉴스가 되었는지 정도는 알고 있어야 대화에 참여할 수 있지. 그런 대화에서 벙어리가 되면 교양인이라 할 수 없어. 우리 딸은 지적으로 무장된 교양인이 되길 바란다.

언행을
차분하게 해라

딸아, 품격을 갖추려면 기본적으로 말과 행동이 차분하고 침착해야 해. 목소리가 지나치게 높거나 말이 많아 소란스러우면 함께하는 사람들이 불편해한단다. 몸가짐이 어수선하거나 손발이 부자연스럽게 움직이는 모습도 좋지 않아. 습관적으로 머리를 긁적이거나 손톱을 물어뜯는 행위는 더 말할 것도 없지.

아빠 지인 중에 언행이 차분해서 칭송받는 이가 여럿 있단다. 이들은 공통적으로 말이 적으면서 목소리가 낮고, 논쟁이 벌어지면 살며시 대화에서 빠져나오곤 하지. 한참 뒤에 자기 의견을 말하면서 서로 마음 상하지 말자고 분위기를 이끈단다.

이런 사람은 '반듯하다'는 느낌을 주기에 일부러 가까이하고 싶단다. 유가에선 흔히 '양반'이라고 표현하지. 우리 딸도 언행이 차분하고 침착해서 반듯한 사람이라는 평을 들었으면 좋겠다.

애교 있는 사람이
되어라

딸아, 언행이 차분한 사람이 좋다고 해서 무뚝뚝한 사람까지 칭송하는 건 아니란다. 사람은 기본적으로 재미가 있어야 주위에 좋은 사람들이 모여들어. 누구나 유머와 함께 애교 있는 사람을 좋아하지. 애교는 과도하지 않다면 사람의 격을 살짝 높여주거든.

애교란 남에게 귀엽게 보이는 태도를 말한단다. 남자보다 여자에게 더 어울리고 필요한 태도라 할 수 있지. 애교는 계산적이고 의도를 가진 아양이나 성적 아부의 성격을 가진 교태와는 차원이 달라. 많으면 많을수록 좋아.

귀여운 인상을 주면서 모임의 분위기를 살릴 수 있다면 애교 있는 사람은 무조건 좋아. 부모나 연인 등 친한 사람한테 혀 짧은 소리를 내거나 제자리에서 콩콩 뛰면 귀여워 보이겠지. 가끔 엉겨붙는 행동을 하고, 의성어나 감탄사를 과도하게 사용해보는 것도 나쁘지 않아.

아랫사람을
정중하게 대해라

딸아, 우리 사회에선 자기보다 나이가 적거나 직급이 낮은 사람에게 말을 함부로 하는 경향이 있어. 학교나 직장의 후배가 각별히 친한 사이라면 만만하게 호칭을 해도 상관없어. 나이나 직급의 차이가 아주 클 때도 그렇지. 친해지려고 일부러 편하게 말하는 사람도 있고.

하지만 그 정도가 심하면 예의에 벗어날뿐더러 스스로 품격을 훼손한단다. 공사 구분을 잘하는 사람에게 빛이 나는 지점이 바로 이 부분이란다. 아랫사람에 대해 사적 모임에선 편하게 대하더라도 공식 회의 석상이나 직장 내 여러 사람이 모인 자리에선 깍듯하게 존칭을 하는 것이 좋다.

특히 평소 친분이 없는 제삼자가 동석했을 때는 반드시 존칭을 하는 것이 예의다. 제삼자에 대한 예의이기도 하지. 친한 사이라도 반말과 존대를 적절히 섞어 말하면 품위 있게 비치기도 한단다.

과거보다
미래를 이야기해라

딸아, 누군가와 대화할 때 과거를 주로 이야기하는 사람이 있는가 하면 미래에 온통 관심을 두는 사람이 있어. 너는 어느 편인지 모르겠다. 온고이지신(溫故而知新)이라 했으니 과거에 관심 두는 걸 함부로 폄하할 순 없어. 과거의 잘잘못을 통해 미래 개척의 아이디어를 얻을 수도 있으니까.

하지만 청년기엔 과거보다 미래에 더 주목할 필요가 있어. 추억팔이는 자칫 후회와 원망의 시간이 될 수 있기에 최소화하는 것이 좋아. 누구나 미래를 이야기하면 품격 있어 보인단다. 목표와 희망을 이야기하기 때문이지.

그래서 하는 말이다. 우리 딸이 후배들 만날 때는 가급적 미래를 이야기하거라. 그리고 과거보다 미래 이야기하는 걸 좋아하는 선배를 골라서 만나거라. 네 나이 때에는 미래의 희망을 잡는 게 무엇보다 중요하기 때문이란다.

자랑하지
마라

딸아, 혹시 자기 자랑을 유달리 많이 하는 친구 있니? 아마 그렇다면 친구들 사이에서 십중팔구 밉상으로 통할 것이다. 자랑거리는 남들이 띄워줘야 제맛임에도 거침없이 자기 입으로 떠벌리는 사람이 적지 않아. 꼴불견이라 하지 않을 수 없어.

가족이나 아주 친한 친구 사이가 아니라면 자랑은 가급적 하지 않는 것이 좋아. 듣는 상대방은 부러움을 넘어 시기하거나 질투심을 갖게 될 가능성이 크기 때문이야. 특히 자신이 노력해서 얻은 성취가 아닐 경우 무조건 입을 다물어야 한다. 부모가 물려주는 재산, 남편의 주식 대박 같은 것은 상대방에게 은근히 상처 줄 수도 있어.

자랑을 꼭 해야겠다면 애교를 섞어서 하면 좋은 것 같아. 예를 들어 '나 자랑할 것 있는데 잠시 들어주실 분?'이라거나 '나 자랑 하나만 할게, 삼 분만 들어줘'라는 멘트를 날린 뒤에 해보렴.

양심의 소리를
들어라

"세상에서 가장 품위 있는 평화의 소리는 침착한 양심의 소리이다."

딸아, 이는 윌리엄 셰익스피어가 한 말이란다. 양심이란 자신의 행위에 대해 옳고 그름, 선과 악의 판단을 내리는 도덕적 의식을 가리키지. 이것이 있고 없음은 인간과 짐승의 차이라고 할 만큼 중요한 성정이란다. 부끄러움을 아는 것과 모르는 것과의 차이라고 할 수도 있겠다. 그런데 세상에는 비양심적인 사람이 참 많아.

딸아, 네가 어떤 중요한 결정을 내려야 하는 갈림길에 섰을 때는 반드시 양심의 소리에 귀 기울이도록 해라. 양심에 따라 결정하고 행동하면 세상을 향해 부끄럽지 않기 때문에 네 마음이 편하단다. 그럴 때 절대자 신은 빠뜨리지 않고 너를 행복의 길로 안내해줄 거야. 그것은 결국 네가 세속적으로 승리하는 길이기도 하지.

반듯한 자세로
걸어라

딸아, 걸음걸이는 품격에 상당한 영향을 준단다. 당당하면서도 꼿꼿한 자세는 자신감과 유쾌한 심성의 표현이야. 반대로 구부정한 자세는 의욕이나 기력이 없다는 인상을 준단다.

"걸을 때는 너무 서두르지 마라. 그렇다고 너무 천천히 걷지도 마라. 서둘러 빨리 걸으면 성급해 보이고 너무 천천히 걸으면 게으르거나 유약해 보인다."

르네상스 시대 인문학자 에라스무스의 말이란다.

그래, 실제로 걸음걸이는 외면의 전반적인 인상을 좌우하지. 초등학교에서 아이들에게 바람직한 걸음걸이를 교육하는 이유 아니겠니. 군대에서 제식훈련 하는 것도 마찬가지란다.

올바른 자세는 스스로 신경 써서 가다듬는 게 중요해. 가까운 사람에게 자세를 평가받고 적극적으로 교정할 필요가 있어. 고개를 들고 가슴은 펴고 정면을 주시하고 걸어라.

예쁘게
꾸미고 다녀라

"자신을 잘 가꾸고
잘 차려입는 사람은
타인의 내면을 보려 하지만
그렇지 않은 사람은
자꾸 외모만 보려고 한다."

패션 디자이너 코코 샤넬이 한 말이란다.
딸아, 내면을 내팽개친 채 외모에 치중하는 것도 문제지만
외모를 마냥 무시하는 것도 바람직하지 않아.
타고난 자기 몸에 대해 자존감을 갖는 게 중요한 것처럼
최대한 예쁘게 꾸미는 것도 중요하단다.
자기 사랑인 동시에 남에 대한 예의거든.
흔히 20대를 신이 준 선물이라고 하잖아.
하지만 20대 중반부터는 벌써 노화가 시작되기 때문에
가꿀 필요가 있어. 치장하는 데 시간과 돈을
과도하게 투자하는 것이 문제일 뿐 꾸미는 자체는
하등 나쁠 리 없어.
외출할 때는 머리와 옷차림을 단정하게 하렴.
동네에서 슬리퍼 질질 끌거나 낡은 트레이닝복 차림으로
돌아다니는 건 좋아 보이진 않더라.

사치하는 사람은
마음이 가난하다

딸아, 사자심상빈(奢者心常貧)이라는 말이 있어. 사치를 좋아하는 사람은 만족할 줄 모르기 때문에 항상 마음이 가난하다는 뜻이지. 다산 정약용 선생이 특별히 좋아했던 경구란다. 사치하면 기분이 좋고 마음이 부자일 것 같은데 그렇지 않다는 것 아니냐. 반대로 검소하고 절약하길 좋아하는 사람은 만족하기 때문에 항상 마음이 부자란다. 젊을 때부터 새겨들을 필요가 있어.

딸아, 사치는 낭비를 부르기 때문에 부유해지기 어렵고, 설령 현재 부유하더라도 언젠가 가난을 초래할 가능성이 커. 돈이 있다가 없어지는 건 누구에게나 시간문제거든.

사치와 낭비는 품격을 훼손하기도 하지. 돈 펑펑 쓰는 사람 그 순간 멋져 보일 수 있지만 속이 텅 비었다는 인상을 줄 수도 있어. 아빠 생각에 낭비가 아닌 사치는 책 구입과 여행 정도가 아닐까 싶다.

명품에
목숨 걸지 마라

딸아, 요즘 가방이나 지갑, 시계 따위를 구입할 때 명품에 관심 갖는 청년이 아주 많더구나. 뽐내고 싶은 기분에 한두 가지 사는 건 이해하지만 가격이 턱없이 비싸다는 생각에 고개가 가로저어진단다. 말이 명품이지 사실은 초고가 사치품 아니더냐. 대부분 최고급 해외 유명 브랜드이니 말이다.

외국 기업의 고급화 전략에 우리 젊은 소비자들이 농락당한다는 느낌이 들어. 아빠는 과소비 행태가 마음에 안 들기도 하지만 부화뇌동하는 구매 심리가 안타까워. 가방이 명품이라 해서 그것을 든 사람이 명품이 되는 게 아니거든.

친구들이 천만 원짜리 샤넬 가방 자랑할 때 야물게 만들어진 10만 원짜리 국산 가방을 당당하게 내놓을 수 있는 딸이면 좋겠다. 자칫 잃어버릴까, 훼손될까 걱정해야 하는 가방이나 지갑 사는 데 목숨 걸지 마라.

허세는
꼴불견일 따름이다

딸아, '꽃은 목화가 제일이다'라는 속담 들어봤니? 비록 겉모양이 보잘것없어도 쓸모가 큰 목화가 가장 좋다는 말이란다. 허례허식에 빠지지 말고 실속 있는 사람이 되라는 메시지를 담고 있지.

우리 주변엔 실속 없이 겉만 번지르르하게 꾸미는 것 좋아하는 사람 참 많지. 너희 청년들 중에도 알맹이보다 겉포장을 더 좋아하는 사람 적지 않은 것 같더라. 돈이 없어 단칸 월셋방 살면서도 고급 외제차 몰고 다니는 친구가 대표적인 예란다. 근검절약으로 안정적인 생활 기반을 마련할 생각은 하지 않고 허세에 빠져 사는 청년들 말이다. 한마디로 꼴불견이야.

돈도 없으면서 결혼식이나 돌잔치를 굳이 화려하게 하려는 생각도 마찬가지란다. 남의 시선 의식해서 거창하게 꾸미는 것 좋아하는 사람, 품격과 거리가 멀지. 이런 사람은 행복 찾기도 쉽지 않단다.

양보운전은
품격을 드높인다

딸아, '운전 태도를 보면 그 사람의 품격을 알 수 있다'라는 말 많이 들었을 것이다. 어른들끼리 흔히 하는, 꽤 일리 있는 말이지. 실제로 제법 점잖아 보이는 사람이 운전 중에 갑자기 성질부리는 걸 보고 실망하는 경우도 더러 있단다. 여유 없음은 말할 것도 없고 욕설까지 해대니 그 사람 인격까지 의심하게 되지.

딸아, 양보운전을 생활화하거라. 누군가 끼어들려고 하면 흔쾌히 공간을 내주어라. 그러면 양보받은 사람 기분 좋고, 덩달아 너도 기분이 좋지. 그렇게 하면 접촉사고 날 가능성도 크게 줄어들어. 아빠는 운전대 잡을 때마다 이렇게 기도한단다.

"오가는 길에 안전운전하게 해주소서. 안전을 위해 과속하지 않게 해주소서. 그리고 제게 양보하는 자세, 여유로운 마음 갖게 해주소서."

CHAPTER

09

300 WISDOM   PASS ON TO DAUGHTERS

직장생활

정리정돈을 잘하는 사람은 생각이 바르고 논리가 정연하단다.
논리가 정연하기 때문에 일머리가 좋지.
어떤 일이든 방향을 잘 잡고, 맺고 끊는 능력이 있기에
정확성과 속도감을 갖추었다고 보면 돼.

적성에 맞는 직장이
가장 좋은 직장이다

딸아, 좋은 직장이란 어떤 곳일까? 평판 좋고, 연봉 높고, 복리후생 잘되어 있고, 근무 강도는 약하고, 기업문화 훌륭하고, 성장 가능성이 크고, 구성원들에게 기회가 많은 곳을 뜻하겠지. 하지만 세상에 이처럼 모든 게 좋은 직장은 없어. 연봉이 많으면 근무 강도는 무조건 세다고 보면 돼.

딸아, 인생이 선택이듯 직장도 선택이란다. 직장을 고를 때는 너에게 잘 어울리는 곳을 선택하는 게 무엇보다 중요하단다. 세상 사람들이 좋아하는 직장이 아니라 너 자신이 좋아하는 직장에 들어가야 성공과 행복의 문에 빨리 다다를 수 있어.

네가 잘할 수 있고 재미있게 일할 수 있는 직장이라면 일단 합격점이고, 거기다 보람까지 느낄 수 있다면 금상첨화겠지. 이처럼 네 적성에 맞는 곳이 가장 좋은 직장이란다. 조금 시간이 걸려도 이런 직장을 구하렴.

기쁜 마음으로
일해라

딸아, 직장에 다녀보면 항상 웃으면서 즐겁게 일하는 사람이 있는가 하면, 허구한 날 불만이 가득해 인상 찌푸린 채 생활하는 사람이 있어. 십중팔구 전자는 성공하고 후자는 실패한다고 봐야겠지.

직장은 누구에게나 삶의 최전선이야. 솔직히 돈 벌려고 다니는 것 아니냐. 취미 삼아 다니는 사람이 세상에 몇이나 되겠니. 출근하기 싫어도 해야 하고, 일하기 싫어도 해야 하는 곳이 직장이야. 어차피 해야 하는 직장생활이라면 기쁜 마음으로 하는 것이 성공과 행복의 열쇠란다. 사실 직장에서 기쁨을 잃으면 모든 것을 잃는 것이나 마찬가지야. 인생사 거의 절반이 직장에서 이루어지니 말이다.

"기쁨은 힘이다. 기쁨은 사랑이다. 기쁨은 영혼을 붙잡을 수 있는 사랑의 그물이다."

마더 테레사의 말이란다.

책임감 있게 일하는 직원은 금방 눈에 띈다

딸아, 직장에서 책임감은 더없이 중요하단다. 업무 능력이 아무리 뛰어나더라도 책임감이 결여된 직원은 좋은 평가를 받을 수 없어. 조직에 폐만 끼치는 사람이라고 할 수 있지.

"일의 크고 작음에 상관없이 책임을 다하면 반드시 성공한다."

성공학의 대가 데일 카네기의 이 말은 평범하면서도 울림이 커. 반대로 책임을 다하지 않으면 성공과는 거리가 멀다는 말이겠다.

딸아, 책임감 있는 사람의 가치는 직장에서 금방 알아본다. 자신이 해야 할 일이 무엇인지 정확히 파악해서 최선을 다하는 자세, 시작한 일은 끝까지 마무리하려는 태도, 자기가 한 약속은 반드시 지키려는 마음가짐이 책임감 아니겠니. 이런 사람 싫어할 직장은 세상에 없어. 자기 할 일이 무엇인지 알면서도 요리조리 피해 다니는 사람, 모든 구성원에게 밉상이야.

너 자신의 성장을
도모해라

딸아, 직장에서 기쁜 마음으로 책임감 있게 일하다 보면
그것이 너의 성장으로 자연스럽게 연결될 것이다.
하지만 젊은 시절 일에 몰두하다 보면
일의 성과를 자기 성장의 기회로 승화시키지 못하는 사람이
적지 않아. 조직의 부속품 구실밖에 하지 못했음을
뒤늦게 후회하는 사람도 있지.
이런 우를 범하지 않기 위해서는 직장 초년생 때부터
자기 이력을 스스로 잘 관리할 필요가 있어.
재능이 있다고 생각되는 직무에 경력을 쌓아
몸값을 올리는 게 중요하단다.
조직에 없어서는 안될 만큼 전문성을 확보하는 게 좋아.
그럴 경우 조직의 규모가 성장할 때
자기도 함께 성장할 수 있단다.
세일즈맨으로 크게 성공한
미국 작가 엘버트 허버드는 이런 말을 남겼단다.

"무언가를 얻기 위해 일하지 말고
무언가가 되기 위해 일하라."

학위와 자격증을
따라

 딸아, 직장에서 제대로 성장하기 위해서는 틈날 때마다 공부해야 해. 현장에서 열심히 일하는 것도 중요하지만 남이 갖지 못한 새로운 지식을 재빨리 습득하는 것은 더없이 중요하단다. 특히 디지털 첨단 지식이 끊임없이 흘러드는 요즘, 이를 제때 취하지 않고서는 도태되기 십상이지.

 직장생활에 조금 여유가 생기면 대학원에 진학해 공부를 병행하기 바란다. 석사학위 별것 아닌 것 같아도 그 과정을 이수한 사람과 이수하지 않은 사람의 지식 격차는 상당히 크단다. 직장과 주위의 평가가 다른 것은 말할 것도 없지.

 그런 의미에서 직무에 필요한 자격증이 있다면 되도록 일찍 따는 게 좋겠다. 학위와 자격증은 너에게 의외의 새로운 기회를 제공해줄 수 있어. 능력이 있어도 학위나 자격증이 없어 비단길이 막히는 불행은 없어야겠다.

근태를
확실히 해라

　딸아, 출퇴근 시간 지키기는 직장인의 기본이야. 직장과의 천금 같은 약속이거든. 고용계약서에 필수적으로 명시하는 사항이기도 하지. 누구든지 몸이 불편해 결근할 수도 있고, 차가 막혀 지각할 수도 있어. 하지만 그것이 반복될 경우 불성실과 나태함으로 비치기 십상이란다. 업무 능력이 뛰어날지라도 신용을 잃기 때문에 좋은 평가를 받을 수 없어.

　지각은 십중팔구 게으름에서 비롯된 못된 습관이야. 꼭 지각하는 사람이 지각하고 그런 버릇은 좀체 고쳐지지 않지. 무단결근이나 상습 지각에는 불이익이 따르기 때문에 경각심을 갖지 않으면 안 돼. 늦으면 택시를 타거나 뛰어서라도 시간을 맞추는 게 정상이야.

　근무시간에 자리를 비우는 것도 마찬가지야. 약국에 가든지 잠시 사적인 만남을 가지러 나갈 때는 상사에게 보고해서 허락을 받는 게 당연한 예의란다.

반가운 인사로
일과를 시작해라

딸아, 출근하면 반가움이 가득 담긴 인사로 일과를 시작하는 것이 좋아. 이왕이면 다정하고 성실한 직장인의 모습이 좋지 않을까.

출근한 아침 시간엔 모두가 피곤하지. 지하철이나 버스에 지쳐 일을 시작하기도 전에 파김치가 될 수 있어. 이럴 때 활짝 웃으면서 제법 큰 소리로 인사를 하면 모두 기분이 좋아. 네가 먼저 출근을 해 있든 늦게 도착하든, 먼저 인사를 건넸으면 좋겠다. 분위기 메이커라는 이미지를 손쉽게 만들 수 있어.

딸아, 인사는 하루 종일 하는 거야. 다른 사무실을 방문할 때도, 복도에서 동료를 만났을 때도 살며시 웃으면서 반가움을 표시하는 게 좋아. 복도에서 자주 만나는 사람에게는 가볍게 목례하며 지나가면 돼. 인사는 하급자만 하는 게 아니란다. 상급자가 먼저 인사를 건네면 품격이 생겨.

일머리를
빨리 익혀라

딸아, 직장에서 일을 요령 있게 잘하는 사람이 있는가 하면 그렇지 못한 사람도 있어. 보통 일머리가 있다 혹은 없다고 표현하지. 일머리가 있는 사람은 상급자가 요구하는 업무를 기한 내에 힘들이지 않고 해내지만 없는 사람은 기한을 넘기고도 만족스러운 결과물을 생산하지 못해. 일머리 유무는 보통 일하는 사람의 센스와 노하우에 의해 결정되지.

아빠는 일하는 센스 가운데 가장 중요한 것으로 방향성을 꼽고 싶구나. 방향이 틀리면 일을 아무리 정교하게, 빨리 처리해도 아무 소용이 없어. 결국 다시 해야 하거든.

그래서 지시받은 업무를 시작할 때는 지시자 혹은 결정권자가 어떤 결과물을 바라는지 파악하는 것이 중요하단다. 거기에 맞추어 일을 하고 보고하는 것이 가장 효율적이야. 중간에 의문점이 생기면 주저 없이 질문해야 하고.

보고는 두괄식으로
간결하게 해라

딸아, 군대에 '보고는 생명이다'라는 말이 있단다. 적시에 정확히 보고하는 게 매우 중요하다는 뜻이지. 일반 직장도 마찬가지야. 어떤 일을 했다면 구두로든 서류로든 결과를 보고하는 것이 기본이거든.

직장에서의 업무 능력은 사실상 보고에서 판가름 난다고 볼 수 있어. 아빠 경험으로는 두괄식, 간결함, 논리성을 갖추는 게 무엇보다 중요하다고 생각해. 물론 보고 받는 상급자의 취향에 맞춰야겠지만 이 세 가지는 일반적으로 무조건 중요하다고 보면 돼.

상급자는 사실관계가 정확하다면 결론부터 듣고 싶어 하지. 그래서 보고 첫머리에 결론을 내세우는 것이 좋아. 이어서 그런 결론을 내린 이유를 합당한 자료를 근거로 논리적으로 설명하는 것이 기본 순서란다. 중언부언하지 않고 간단명료하게 보고하는 것도 기본에 속하지.

'안된다'라는 말을
함부로 하지 마라

딸아, 직장에서 가장 싫어하는 말이 '안될 것 같다'라는 말이야. 수뇌부나 리더가 한번 해보자고 밀어붙이는 상황에서 실무자가 해보지도 않고 '안된다'라고 해버리면 밉보일 수밖에 없어. 현대그룹을 일군 정주영 회장이라면 곧바로 "이봐 해봤어?"라고 다그칠 것이다. 청년 직장인에게는 "젊은 사람이 왜 그렇게 열정이 없어?"라는 핀잔이 돌아올 거야.

딸아, 젊은 직장인에게는 도전 정신이 필수란다. 창조와 혁신 마인드가 없으면 결코 앞서갈 수 없어. 위에서 시키는 대로만 고분고분 일하는 사람은 평균 이하가 될 가능성이 커. 남들이 불가능하다고 생각하는 것도 한번 해보자고 내지르는 열정을 가져야 해. 칭기즈 칸의 말로 알려진 이 문구는 언제나 유용하단다.

"불가능이란 노력하지 않는 자의 변명이다."

일 잘하는 사람의 책상은
항상 깨끗하다

딸아, 직장에서 자기 책상이 잘 정돈된 사람은 십중팔구 유능하다고 보면 된다. 반대로 책상과 그 주변이 번잡하고 지저분한 사람은 일도 잘 안되지.

일반적으로 정리정돈을 잘하는 사람은 생각이 바르고 논리가 정연하단다. 논리가 정연하기 때문에 일머리가 좋지. 어떤 일이든 방향을 잘 잡고, 맺고 끊는 능력이 있기에 정확성과 속도감을 갖추었다고 보면 돼. 반대로 정리정돈이 안되는 사람은 사고가 쓸데없이 복잡해서 일의 방향을 잃게 되지. 책상이 지저분한 사람은 자신의 인터넷 공간도 지저분할 가능성이 높아.

딸아, 직장에선 특히 여직원 책상을 눈여겨보는 경향이 있어. 지저분하면 집도 지저분하지 않을까 상상하게 되지. 같은 값이면 깔끔하게 정리 정돈하는 습관을 들여 품격을 갖추기 바란다.

회식,
가급적 빠지지 마라

딸아, 요즘 직장 회식 문화가 많이 개선되긴 했지만 여직원에게는 여전히 부담스럽지? 평생 함께해야 할지도 모르는 공동체이기에 회식은 불가피한 측면이 있어. 가끔이라도 사무실에서 벗어나 편안한 분위기에서 시간을 보내는 것은 전체적으로 실보다 득이 더 많거든. 남자들 중에는 먹고 마시는 것 자체를 즐기는 사람도 적지 않단다.

그런 의미에서 회식은 되도록 빠지지 않고 참석하는 것이 좋아. 조직의 일원으로서 당연히 분위기를 맞추는 게 중요하지. 사내 정보에 소외되지 않아야 한다는 점에서 빠지면 무조건 손해라고 봐야지.

다만, 회식 분위기가 마음에 들지 않는다면 바꾸도록 조심스럽게 의견을 내보는 것은 좋겠다. 술 없이 식사만 하든가 점심시간을 활용하든가 등 방법은 여러 가지가 있을 거야. 네 제안이 먹히려면 평소에 일을 잘해야겠지.

상사에게 너를 홍보하되
만만하게 보이지 마라

딸아, 직장에서 상사는 너의 앞날을 좌우할 만큼 중요한 사람이란다. 매일같이 업무지시를 하고 수시로 평가하고 승진에 영향을 미치거든. 좋든 싫든 네가 잘 모시고 일하지 않으면 안되는 존재야.

상사와 좋은 관계를 맺고, 또 그에게서 좋은 평가를 받으려면 네 강점을 적절히 잘 홍보할 필요가 있어. 물론 시간이 흐르면 강점이 자연스럽게 드러나겠지만 '괜찮은' 부하 직원임을 조기에 어필할 필요가 있어. 누구에게나 첫인상이 중요하거든. 취업 준비하며 자기소개서 작성할 때를 생각해보면 답이 나올 것이다. 은근히 너의 특장을 주입해보렴.

하지만 딸아, 잘 보여야 한다는 생각에 처음부터 만만하게 보여선 안 돼. 조심스럽지만 할 말은 당당하게 하는 모습을 보여야 너를 함부로 대하지 않을 것이다.

권력보다
권위를 갖추어라

딸아, 직장생활 2~3년이면 너도 상사가 돼. 한두 명 후배가 생기면 업무가 편할 수도 있겠지만 선배 노릇 잘해야 한다는 부담이 생기지. 이때 후배한테 알량한 권력을 행사할 것이 아니라 권위 있는 선배가 되도록 노력하기 바란다.

딸아, 권력과 권위는 현격한 차이가 있어. 권력이 조직의 지위 혹은 제도가 인정한 힘이라면 권위는 구성원의 존경과 신뢰에서 생겨난 힘을 말하지. 권력이 위로부터 생겨 복종을 요구한다면 권위는 능력에서 비롯돼 자발적 참여를 이끌어낸다. 권력은 오래지 않아 끝나지만 권위는 지속성을 갖는다는 차이가 있지. 현대 경영학의 창시자로 불리는 피터 드러커의 말을 음미해보렴.

"이제 지위로 조직원 위에 군림하는 시대는 지났다. 인간적인 매력과 영향력으로 추종자를 만들어내야 한다."

적을
만들지 마라

딸아, 직장에서 적을 만들지 않는 것은 많은 사람과 친하게 지내는 것보다 더 중요한 일인지도 몰라. 같은 공간에서 함께 일하며 말을 섞지 않을 정도로 관계가 좋지 않은 동료가 한 명이라도 있다면 여간 불행한 일이 아니거든. 학교에서 친구 사이도 그렇잖아. 피차 모난 행동으로 적이 되기보다 그다지 마음에 들지 않더라도 둥글둥글 편하게 지내는 것이 훨씬 행복하단다.

만약 직장에서 얼굴 마주치기조차 싫은 사람이 있다면 가급적 빨리 마음을 푸는 게 좋아. 네가 먼저 화해의 손짓을 하렴. 그것은 전적으로 너를 위해서지. 화해하는 순간 네 마음이 편해지거든.

예전처럼 친해지지 않아도 괜찮아. 최악의 관계를 해소하는 것만으로도 무조건 좋아. 그의 도움이 필요한 상황이 언제 닥칠지 모르는 상황에서 원수처럼 지내는 것은 위험천만한 일이야.

직장 동료는
최고의 친구다

딸아, 직장에서 함께 생활하다 보면 마음에 쏙 드는 동료가 하나둘 생겨난단다. 정이 드는 게 당연할 수도 있겠다. 어쨌든 마음이 통하는 동료와는 좋은 관계를 만들어 유지해야겠다.

입사 동기가 아니라도 연배가 비슷하면 호칭을 어떻게 하든 친해질 수가 있지. 아빠의 경우 이렇게 사귄 사람들과 평생 우정을 나누고 있단다.

학창 시절에 친구를 많이 사귀지 못했다면 직장 동료들과 좋은 인연을 만들어갈 필요가 있어. 직장 동료는 서로 경쟁해야 하는 숙명을 띠고 있지만 그 속에서 독특한 희로애락의 맛을 경험할 수도 있단다. 동일한 관심사가 많기 때문에 쉽게 친해지는 강점이 있어. 평소 인간적인 사랑과 배려로 깊이 친분을 쌓는 게 중요하단다. 즐거움이나 유익을 넘어 상호 인생관에 공감하는 부분이 많아야 하거든.

이직,
좋은 기회일 수 있다

딸아, 요즘은 평생직장이라는 개념이 거의 사라진 것 같더구나. 청년들 사이에선 조건이 조금 나아 보이면 미련 없이 직장을 옮기는 분위기인 것 같아. 하지만 이직에는 분명히 장단점이 있어.

연봉이 많고 자기 성장 가능성이 높다면 누구나 이직을 생각해봄 직하지. 하지만 그 대가가 혹독할 수도 있어. 근무조건 변화로 스트레스가 극심할 수도 있고, 미래 불확실성에 따른 리스크가 예상보다 훨씬 클 수도 있지.

그럼에도 이직은 좋은 기회가 될 수도 있다고 아빠는 생각해. 인생을 자동항법장치에 의지해 똑같은 방향과 속도로 진행되도록 내버려두기보다 직접 조종간을 잡아보는 것은 나쁘지 않아.

하지만 결단을 내리기 전에 충분한 정보 수집과 미래 점검이 필요하다는 점을 명심하기 바란다. 확신이 설 때 움직여야 위험 부담이 줄어들거든.

돈, 재테크

모든 부자는 자신에게 주어진 시간과 행동을
효율적으로 통제하고 싶어 하고,
또 통제할 능력을 갖춘 사람이라고 보면 돼.

돈은
축복이자 저주이다

딸아, 인생에서 돈은 참 중요하지. 돈이 인생의 전부는 아니지만 돈 없이는 행복한 인생 가꾸기가 쉽지 않거든. 돈과 행복은 무관하다고 말하는 사람이 있지만 위선이나 허세 아닐까 싶다. 배고플 정도의 가난을 한 번이라도 경험해본 사람의 입에선 결코 그런 말이 나오지 않지.

아빠는, 돈에 관한 한 프랑스 소설가 에밀 졸라만큼 명쾌하게 정의한 사람이 없다고 생각해.

"돈은 저주이며 축복이다. 모든 악이 돈에서 비롯되고 모든 선도 돈에서 비롯된다. 그러나 돈은 삶에 편의를 제공하는 대역사에 반드시 필요한 부식토다."

그의 소설 《돈》의 결말 부분에 나오는 말이란다. 돈의 양면성을 멋지게 표현했지.

실제로 돈은 야누스의 두 얼굴을 가졌어. 천사와 악마가 함께 도사리고 있지. 잘 벌어야 하고, 또 잘 써야 한다는 뜻이겠다.

돈의 노예가 아니라
주인이 되어라

딸아, 그런데 우리 주변을 보면 평생 돈의 노예로 살아가는 사람이 적지 않단다. 어쩌면 아빠도 그런 부류에 속할지도 모르겠다. 돈이 좋고 중요하지만 가장 좋고 중요한 것은 아니라는 생각, 해봤니? 만약 돈보다 사랑이나 품격, 행복이 더 좋고 중요하다면 돈에 올인하는 것은 어리석은 일이 아닐까?

돈의 노예가 되는 건 어떤 경우일까? 평균 이상의 돈을 갖고 있음에도 계속 허기를 느끼는 경우, 돈을 벌기 위해 의리를 저버리는 경우, 부당한 방법으로 남의 돈을 취하는 경우, 돈을 아끼느라 꼭 써야 할 곳에 쓰지 않는 경우라고 생각해.

딸아, 지나치게 돈을 좇거나 구두쇠로 사는 인생은 불행해. 돈의 노예가 아니라 주인이 되겠다고 가끔씩 다짐하며 살기 바란다. 선한 주인이 되면 더 행복하겠지.

돈 많이 벌었다고
다 성공한 것 아니다

딸아, 세상은 성공의 척도로 흔히 돈과 권력과 명예를 꼽는단다. 셋 중 하나만 가져도 성공한 인생이라고들 평가하지. 셋 다 가짐으로써 우쭐해하는 사람도 있고, 모두 잃어 파멸에 이르는 사람도 있어.

그런데 셋 가운데 돈과 권력은 제대로 평가받을 자격이 없는 경우도 있어. 그걸 얻는 방법이 정당하지 못한 경우가 그렇단다. 명예가 뒷받침되지 않은 경우를 말하지. 이런 돈과 권력은 허무하게 금방 사라져버리기도 해. 미국 부자 워런 버핏은 성공이 뭐냐는 중학생 투자자의 질문에 "사랑받고 싶은 사람들에게 사랑을 받을 수 있는 것"이라고 대답했단다. 돈보다 사랑이란다.

그래, 돈 좀 벌었다고 성공한 양 으쓱대선 안 된다. 세상은 돈을 부러워하면서도 내심 멸시하는 분위기가 있음을 명심해야겠다.

가난에 안주하는 것은
부끄러운 일이다

딸아, 가난은 간혹 미덕일 수도 있어. 영혼의 평화를 갈구하는 수도자들에겐 굳이 부가 필요 없겠지. 하지만 대다수 사람에게 가난은 고통이야. 돈이 많아도 걱정이지만 돈이 없으면 더 걱정이 크지.

가난하면 자기 건강 챙기기가 힘들고, 부모에게 효도하거나 자녀에게 좋은 교육을 해줄 수도 없어. 취미 활동도 제대로 할 수 없고 자선을 하고 싶어도 한계가 있지. 더욱이 가난은 때때로 굴종을 강요당하는 경우가 있기에 가장 큰 괴로움인지도 몰라.

그러니 방법만 정당하다면 당연히 열심히 돈을 벌어야겠다. 가난은 결코 자랑거리나 명예가 아니거든. 고대 아테네 지도자 페리클레스의 말을 들어보면 당장 일터로 나가야 해.

"아테네에서는 가난이 절대 치욕이 아니다. 유일한 치욕은 가난을 몰아내기 위해 열심히 일하지 않는 게으름이다."

부자가 되려면
좋아하는 일을 해라

딸아, 네가 돈을 많이 벌고 싶다면 좋아하는 일 혹은 잘하는 일을 해야 한다. 부자 연구자들이 이구동성으로 꼽는 제1 요건이란다. 누구나 좋아하는 일을 할 때 지칠 줄 모르는 열정이 생겨나지. 또 잘하는 일을 할 때 효율이 극대화되고. 창의성도 이럴 때 생긴단다. 반대의 경우 당연히 열정과 효율이 떨어져.

부자가 되는 데 사업이나 장사가 필수는 아니야. 직장생활을 하더라도 그 직장에서 능력을 발휘해 최고 수준의 연봉을 받으면 웬만큼 부자가 될 수 있어. 그런 지위에 오르려면 당연히 자기가 좋아하는 분야, 잘하는 분야에서 일하는 것이 유리하겠지.

너무 늦은 나이가 아니라면 창업도 나쁘지 않아. 좋아하거나 잘할 자신이 있는 분야에서 창의성을 발휘하면 의외로 쉽게 부자 되는 길을 찾을 수도 있을 거야.

모든 부자는
성실하다

"부지런한 사람의 집에는
가난이 잠시 들여다보지만
감히 집 안으로 들어오지는 못한다."

미국 정치가 벤저민 프랭클린의 말이란다. 그는 정규 교육을 거의 받지 못했음에도 자기계발과 성실함으로 크게 성공해 건국 초기 미국 젊은이들에게 용기를 주었어.

딸아, 부자 중에 성실하지 않은 사람은 눈 닦고 찾아봐도 없어. 모든 부자는 자신에게 주어진 시간과 행동을 효율적으로 통제하고 싶어 하고, 또 통제할 능력을 갖춘 사람이라고 보면 돼. 타고난 사람도 있겠지만 성공하겠다는 의지와 열망을 후천적으로 키운 사람이 대부분이란다. 너도 부자로 성공하고 싶다면 이런 마음 갖고 성실하게 살아야겠지.

프랭클린의 명언 두 토막만 더 소개하고 싶구나.

"게으름은 걸음이 너무 느려 금세 뒷덜미를 잡힌다."

"한 방울의 낙숫물이 바위를 뚫는다."

주식 투자는
최고의 경제 공부다

딸아, 경제적으로나 시간적으로나 여유가 있다면 주식 투자를 해보면 좋겠다. 주식은 큰돈을 버는 사람이 있는가 하면 폭삭 망하는 사람도 있기에 얼핏 도박이라는 느낌이 들긴 해. 하지만 상식적으로 보면 도박이 아니라 건전한 경제 활동임엔 틀림이 없어.

아빠가 주식을 권하는 이유는 경제 공부에 이보다 좋은 게 없다는 생각 때문이야. 주식에 관심을 갖고, 또 일정액을 투자하려면 공부를 하지 않을 수 없겠지. 국내외 경제 시스템과 돈의 흐름을 익히고 관심 기업의 재무제표를 살펴봐야 하니 얼마가 공부가 많이 되겠니.

그러나 딸아, 지나치게 주식에 빠져 그것에 매몰되지는 마라. 단기 투자로 극심한 스트레스를 받는 건 금물이야. 주식에 대한 너만의 투자철학을 세워 즐거운 마음으로 경제 활동을 하는 게 중요하단다. 그런 점에서 우량주 중심의 장기투자가 좋겠다.

주택은
다소 무리해서라도 빨리 사라

딸아, 주택 마련에는 가급적 빨리 관심을 갖는 것이 좋겠다. 투기나 투자가 아니더라도 자기 살 집은 언젠가 구해야 하기 때문이란다. 우리나라 경제는 여전히 워낙 역동적이라 변수가 많아. 이런 상황에서 주택을 구입하지 않은 채 살아간다는 건 여간 불안한 일이 아니지. 지금으로선 주택이 다른 어떤 자산보다 안정적이라고 봐야 하거든.

돈을 충분히 모아서 집을 산다는 건 아빠 경험으로는 거의 불가능한 일이야. 집을 되도록 빨리 구입하는 게 좋은 이유는 가격 상승을 노려서라기보다 아주 유용한 저축 수단이 될 수 있기 때문이란다.

부족한 부분을 은행에서 대출받아 구입하면 그걸 갚기 위해 근검절약하지 않을 수 없어. 누구나 빚이 없으면 아무래도 씀씀이가 크기 때문에 저축하기가 쉽지 않거든.

검약하되
인색하지 마라

딸아, 사실 부자 되는 방법은 간단해. 수입보다 지출을 적게 하면 되지. 검약(儉約), 즉 검소한 생활 습관으로 매사 절약하면 어렵지 않게 부자가 될 수 있어. 아껴서 저축하는데 부자가 안될 리가 없지.

절약해야 한다고 해서 꼭 써야 할 곳에 쓰지 않는 구두쇠가 되라는 말이 아니란다. 옛 현인들도 검이불인(儉而不吝)이라고, 검소하되 인색하지는 말라고 했어.

검소한 생활은 결코 고통이 아니란다. 돈이 있지만 절제하는 거지. 작은 돈을 아껴서 언젠가 큰돈이 되면 더 소중하게 사용하겠다는 꿈과 목표가 있는 거잖아. 그래서 검약하는 사람은 사치하고 낭비하는 사람보다 마음이 더 부자인 경우가 많아. 러시아의 부유한 귀족 출신 소설가 레프 톨스토이는 이런 말을 남겼어.

"지나치게 소박한 생활을 했다고 후회하는 사람은 아무도 없다."

가계부를
써라

딸아, 요즘 가계부 쓰는 이가 많지 않더구나. 다들 직장생활 하느라 바빠서 그러리라 생각된다. 하지만 나름대로 벌이가 괜찮다면 바쁘더라도 가정 경제를 효율적으로 운용하기 위해 가계부를 쓰는 것이 좋겠다. 결혼하지 않았더라도 부모와 독립해 산다면 마찬가지겠지.

가계부를 쓰면 조금 귀찮긴 해도 수입과 지출 규모를 정확히 파악함으로써 소비 습관을 개선할 수 있어 유익하단다. 그렇게 해서 몇 푼 아낀다고 큰 도움 되겠냐고 생각할 수도 있겠지만 전혀 그렇지 않아. 매주 혹은 매월 결산을 하다 보면 그때마다 합리적인 지출 아이디어가 생긴단다. 절약이 자연스럽게 이루어지지.

가계부를 쓰다 보면 낭비 요인이 줄어들기 때문에 절약이 스트레스가 아니라 즐거움일 수 있다는 걸 체감할 수 있어. 결혼을 하면 남편과 머리 맞대고 가계부 쓰는 기쁨도 쏠쏠할 것이다.

복권에
현혹되지 마라

딸아, 너는 복권을 가까이하지 않았으면 좋겠다. 복권 구입도 재테크라고 말하는 사람이 있더구나. 하지만 복권은 확률상 수익률이 매우 낮은 게 분명하고, 불로소득으로 일확천금을 노리는 도박 성격을 띠기에 청년들에겐 좋지 않아. 토요일마다 복권 판매소 앞에 길게 줄지어 선 청년들이 건전해 보이진 않더라.

너도 뉴스에서 가끔 접하겠지만 로또에 당첨됐다가 파멸의 길을 걷는 사람이 적지 않단다. 예상치 못한 돈이 생겼으니 행운인 건 맞아. 하지만 쓰임새를 놓고 부모 자녀 간, 형제자매 간에 갈등을 겪다 칼부림 벌이는 사람들을 생각해봐. 끔찍하지 않니? 그야말로 헛된 꿈이 야기한 패가망신이지.

복권 구입과 당첨이 건전한 경제 행위가 아니라는 뜻이다. 복권을 사고 싶다면 그야말로 재미로 한두 번 사보는 것으로 끝내는 것이 좋겠다.

도박장엔
근처에도 가지 마라

딸아, 프랑스에 이런 격언이 있단다.

"도박은 탐욕의 아들이자 절망의 아버지이다."

그렇다. 도박은 헛된 욕심에서 비롯되는 범죄 행위란다. 남의 돈을 도둑질하려는 나쁜 심보가 숨어 있어. 알베르트 아인슈타인이 "당신은 훔치지 않는 한 룰렛판에서 돈을 딸 수 없다"라고 말한 이유 아닐까 싶다.

딸아, 카지노나 포커나 블랙잭만 도박이 아니다. 우리가 흔히 하는 돈내기 화투는 물론 경마, 경륜, 경정도 오락이나 스포츠를 가장한 도박임에 틀림없어. 도박해선 안 되는 중요한 이유는 중독성 때문이야. 도박에 빠지는 순간 인생은 나락으로 떨어질 가능성이 높아. 빚더미에 오르는 건 시간문제지.

도박하면 돈만 잃는 것이 아니라 건강을 비롯해 삶 전체를 송두리째 빼앗기게 돼. 오락과 도박의 경계가 모호하므로 각별히 유의해야겠다.

돈 거래를
깔끔하게 해라

딸아, 살다 보면 돈 거래할 일이 참 많지. 그런데 모든 종류의 돈거래는 불화의 근원이라는 사실을 알아야 해. 불명확한 거래로 친분에 금이 가는 경우가 비일비재하단다. 부모 자녀 간, 형제자매 간도 예외가 아니란다. 그래서 친한 사람끼리는 아예 돈을 거래하지 말라고 조언하는 사람도 많아. 안타까운 일이지만 엄연한 현실이지.

하지만 돈거래를 전혀 안 하고 살 수는 없으니 거래 전후를 깔끔하게 정리하도록 노력해야겠다. 곧바로 줄 건 주고 받을 건 받는 것이 가장 중요해. 시간이 걸린다면 분쟁 소지를 차단하기 위해 반드시 차용증서와 영수증을 남기는 게 좋아.

"우리 사이에 그런 게 왜 필요해"라는 언행이 뜻밖의 불화를 부를 수 있단다. 자칫 세금 문제가 발생할 수도 있는 만큼 이자 지급 근거도 남기는 게 좋아.

큰돈은
빌려주지 마라

딸아, 누구나 돈이 궁할 때가 있어. 너에게도 돈 빌려달라고 손 내미는 사람이 나타날 수 있어. 당장 없어도 그만인 푼돈이야 상관없겠지만 큰돈은 빌려주지 마라. 은행 대출이 자유로운 요즘 개인에게 천만 원 이상 큰돈을 빌리려는 사람에겐 사고가 발생할 가능성이 다분해. 신용불량자일 수가 있거든.

친한 사람이 딱한 사정을 토로하며 빌려달라고 하더라도 신중히 대응할 필요가 있어. 상환 기한을 지키지 못할 가능성에다 자칫 영영 떼일 가능성도 있어. 법적 분쟁으로 이어질 수도 있지. 우리나라 고소고발 사건의 상당수는 개인 간 금전 시비에 따른 것이란다.

빌려주지 않겠다고 잡아떼기 부담스러운 사이라면 돌려받지 않아도 될 정도의 적은 액수만 빌려주는 지혜를 발휘해라. 돈도 잃고 사람도 잃는 우를 범하지 않기 위해서 말이다.

보증,
절대 서지 마라

딸아, 돈이 급한 사람은 돈 빌리려다 거절 당할 경우 흔히 담보 제공이나 대출 보증을 부탁한단다. 위험하기 짝이 없는 일이니, 절대 응하지 마라. 채권자인 대출기관이 담보나 보증을 요구한다는 것은 기본적으로 채무자의 상환 능력에 의문을 가졌기 때문이야. 보증인인 제삼자가 그 위험 부담을 고스란히 떠안는 것이란다.

실제로 아빠 주변에서 담보를 제공하거나 보증을 서줬다가 집을 날리는 등 큰 어려움에 처하는 사람을 흔하게 보았단다. 하루아침에 거리로 내쫓기는 경우 말이다. 뒤늦게 후회해봐야 소용없는 일이지. 이런 일 수천 년 전에도 많았던 모양이다. 구약성경에 이런 말이 있단다.

'너는 담보하는 이들 가운데에, 빚보증하는 이들 가운데에 끼지 마라. 네가 갚을 길이 없을 때 네 밑의 잠자리까지 빼앗기려 하느냐?'

구린 돈을
조심해라

딸아, 돈에는 깨끗한 돈이 있는가 하면 구린 돈도 있어. 정당한 대가로 획득한 돈이 깨끗한 돈이라면 부정한 방법으로 취한 돈은 구린 돈이지. 검은돈과 눈먼돈이 대표적으로 구린 돈에 속한단다. 더럽고 나쁜 돈이기도 하지.

딸아, 사회생활을 하다 보면 간혹 구린 돈이 너를 유혹할 수도 있을 것이다. 이럴 때 정신 똑바로 차려야 한다. 떡값, 촌지, 리베이트라는 이름으로 돈봉투가 건네질 때 지혜롭게 거절하는 능력을 갖추어야 해. 구린 돈은 언제든 갑자기 튀어나와 주고받은 사람들을 난처하게 만들 수 있단다.

구린 돈의 유혹에 빠진 사람은 돈의 노예가 되기 십상이야. 품격과 명예를 갖추기 어렵기에 건전한 사회활동을 할 수 없게 되지. 돈에 관한 한 양심에 기대어 스스로를 다잡는 현명한 딸이 되기 바란다.

부모 유산을
부러워하지 마라

딸아, 아빠는 너희에게 딱히 남겨줄 재산도 없지만 많은 유산이 예정된 친구들을 부러워할 필요 없다. 그리고 적은 유산이라도 욕심부리지 마라. 부모한테 많이 물려받으면 당장 조금 편할 수 있겠지만 길게 봐서 큰 도움이 된다는 보장이 없어. 인생의 기쁨은 스스로 개척해나가는 데 있거든. 불로소득인 부모 유산 따위에 기대지 말고 근검절약으로 부를 확장해나가는 것이 참 행복이란다.

아빠가 생각하기에 가장 위대한 유산은 재산이 아니라 좋은 습관이야. 빌 게이츠가 이런 말을 했더구나.

"좋은 습관은 평생 이익을 가져다주는 엄청난 재산이다."

습관 중에서도 아빠는 공부하는 습관과 절제하는 습관이 가장 중요하다고 생각해. 이 두 가지 습관을 잘 유지한다면 반드시 부자가 될 거야. 너도 유산 없이 부자가 될 수 있어.

돈 없다고
남에게 불평하지 마라

"만약 그대가 곤경에 처해 있더라도 다른 사람에게 하소연하거나 불만을 토로하지 마라. 체면만 손상될 뿐 아무런 도움도 되지 않는다."

스페인 작가 발타자르 그라시안의 말이다. 딸아, 불평은 어떤 종류라도 쓸데없는 것이란다. 그중에서도 돈 없다고 툴툴대는 불평만큼 딱하고 어리석은 게 없어. 그라시안의 말이 딱 맞아. 자기한테 아무런 도움도 안되고 체면만 손상될 뿐이지.

돈 없는 것은 자랑도 아닐뿐더러 그다지 부끄러운 일도 아니란다. 굳이 남에게 털어놓고 동의를 구할 필요가 없는 사안이야. 이런 사람 십중팔구는 생계가 힘들 정도로 아주 어려운 것도 아니란다. 그러니 불평한다고 주변 사람들에게 도움받을 것도 아니라는 말이다. 한마디로 습관성 불평분자야. 주변 사람들을 피곤하게 할 뿐이라는 사실을 유념하기 바란다.

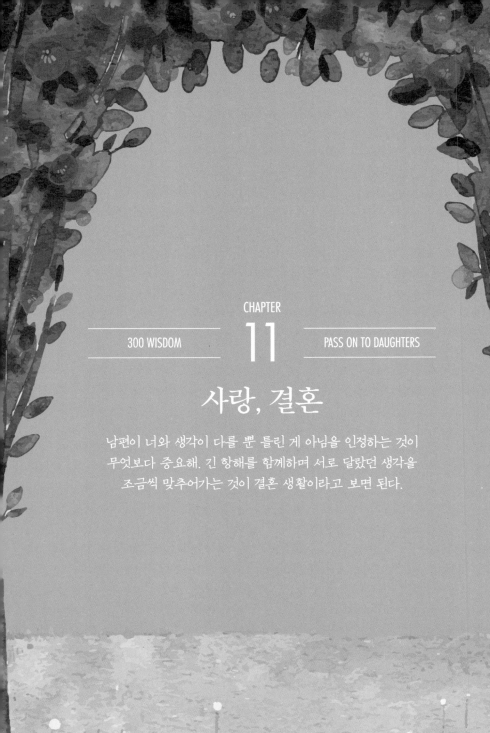

사랑, 결혼

남편이 너와 생각이 다를 뿐 틀린 게 아님을 인정하는 것이
무엇보다 중요해. 긴 항해를 함께하며 서로 달랐던 생각을
조금씩 맞추어가는 것이 결혼 생활이라고 보면 된다.

사랑은
용기 있는 자의 몫이다

딸아, 사랑이 있기에 인생은 행복하단다. 누군가를 사랑하고, 누군가에게 사랑받을 수 있기에 삶이 진정으로 즐겁단다. 상상해보아라, 사랑이 아예 없다면 하루하루가 얼마나 황량하겠니.

사랑 중에서도 최고의 사랑은 누가 뭐래도 남녀 간의 사랑이지. 끝없는 신비라고나 할까, 사랑을 인류 최고의 발명품이라고 꼽는 이유란다. 하지만 우리 주변을 둘러보면 사랑을 한껏 즐기는 사람이 있는가 하면 사랑 만들기에 끝내 실패하는 사람도 있어. 안타깝지만 현실이야.

딸아, 마하트마 간디는 "겁쟁이는 사랑을 드러낼 능력이 없다. 사랑은 용기 있는 자의 특권이다"라고 말했단다. 그래, 사랑은 가만히 있는데 찾아오는 것이 아니란다. 누군가에게 사랑을 주고, 또 사랑받을 자격을 갖추도록 노력해야 해. 사랑이란 용기 있게 쟁취하는 것이란다.

사랑은 받는 것이 아니라
주는 것이다

"중요한 것은 사랑을 받는 것이 아니라 사랑을 하는 것이다."

딸아, 소설가 윌리엄 서머싯 몸의 유명한 사랑 명언이란다. 이 말, 너는 100퍼센트 동의하지는 않을 수도 있겠다. 받는 것과 주는 것 둘 다 중요하다고 생각할 수도 있지.

그런데 딸아, 사랑은 주는 노력을 기울여야 손쉽게 받을 수도 있단 다. 모든 종류의 사랑이 그럴진대 남녀 간의 사랑도 마찬가지야. 사랑 을 받고 싶다면 먼저 사랑을 줘야 한다는 말이 나오는 이유 아니겠니.

누구든 사랑을 이루고 싶다면 그것을 받으려는 수동적 자세를 취할 것이 아니라 적극적으로 참여해서 주는 노력을 기울여야 한다. 뭐든 남에게 많이 주는 사람이 부자이고, 그런 사람에게 복이 돌아오거든. 마더 테레사의 말을 믿어보렴.

"강렬한 사랑은 판단하지 않는다. 주기만 할 뿐이다."

사랑받을 자격을
갖추어라

딸아, 사랑을 받고 싶다면 자기 스스로 그 자격을 갖추어야 한다. 수많은 남자 가운데 훌륭한 이의 사랑을 받고 싶다면 그만한 요건을 구비하도록 힘써야 해. 너무나 당연한 일임에도 그런 노력에 소홀한 사람이 참 많아.

세상이 아무리 바뀌어도 남성은 여성에게서 아름다움을 찾으려고 하지. 외모의 매력은 누구한테나 중요해. 첫인상을 좌우하거든. 딸아, 자기 몸을 가꾸고 치장하는 것은 결코 부끄러운 일이 아니란다.

외모가 사랑받을 자격의 전부는 당연히 아니야. 외모와 상관없이 교양을 쌓고 품격 있는 사람이 되면 독특한 매력이 생긴단다. 내적 아름다움을 자연스럽게 풍겨낼 수 있으니까 말이다. 유머와 애교를 겸비한 대화술을 갖추면 금상첨화겠다. 멋진 사랑을 구하는 데 남다른 노력이 필요하다는 건 분명한 사실이야.

사랑에도
기술이 필요하다

딸아, 자유연애가 만개한 세상이지만 야속하게도 모든 사람에게 사랑이 찾아오진 않는단다. 하지만 남자친구 없다고 실망하거나 초조해하지는 마라. 첫사랑이 늦다면 신이 더 좋은 사람 만나게 해주려고 신중하게 준비 중이라고 생각하렴. 또 찾아온 사랑이 금방 도망가버렸다면 그 이유를 곰곰이 생각해보렴.

딸아, 신의 뜻과 상관없이 차제에 사랑에도 기술이 필요하다는 사실을 알면 좋겠구나. 사회철학자 에리히 프롬은 《사랑의 기술》이라는 책에 이런 말을 했단다.

"어떻게 사랑해야 하는가를 배우고 싶다면 우리가 음악, 그림, 건축, 의학, 공학기술을 배우려고 거치는 것과 동일한 과정을 거치지 않으면 안 된다."

프롬은 사랑을 이루지 못했다고 초조해하지 않되 사랑의 기술을 배우라고 조언했어. 시간 나면 프롬의 이 책을 꼭 한번 읽어보렴.

이런 남자가
좋다

딸아, 아빠는 우리 딸이 이런 남자를 사귀면
좋겠다는 생각을 가끔 해본단다.
네 취향이 무엇보다 중요하기에
부질없는 생각일 수도 있겠지만 참고하면 좋겠다.
첫째, 가까운 사람을 가장 아끼고 배려하는 남자가 좋아.
기본적으로 심성이 착해야겠지.
남에게는 관대하면서 곁에 있는 사람을
냉정하게 대하는 남자가 의외로 많으니 눈여겨볼 필요가 있어.
둘째, 재미있는 남자가 좋아.
점잔 빼는 사람보다 유쾌한 사람이 낫단다.
그래야 하루하루 삶이 즐거워.
성격이 밝고 유머 감각 있는 남자를 만나렴.
셋째, 문제해결 의지와 능력을 갖춘 남자가 좋아.
여자친구를 보호하고 도와주려는 심성에다
능력까지 겸비한 사람을 말하지.
책임감 있는 남자라고 해야겠다.
넷째, 지성미 있는 남자가 좋아.
너의 지적 성장에 도움이 되겠기에 하는 말이다.

이런 남자는
사귀지 마라

딸아, 이런 남자는 경계해야 한다. 남자친구나 남편감으로 적절치 않다는 뜻이란다. 첫째, 자기발전을 위해 노력하지 않는 남자는 가까이하지 않는 게 좋아. 청년기엔 공부든 일이든 자신을 끊임없이 다듬어야 하는데 이에 무관심한 남자는 문제가 있어. 너의 인생 황금기를 놈팡이랑 보낼 수는 없지.

둘째, 여자를 무시하는 남자는 가까이하지 마라. 남존여비, 남성존중 사고에 사로잡힌 남자는 언젠가 너에게 상처를 줄 수 있어. 네가 하는 공부나 일을 존중하지 않고 자기중심적 사고에 빠진 남자는 너에게 하등 도움 될 게 없어.

셋째, 여성 편력이 심한 남자는 각별히 경계해야 한다. 수려한 외모와 화술로 주위 사람들에게 인기 있는 건 좋지만 너를 '또 하나의 여자'로 간주할 수 있기에 조심해야 한다.

데이트할 때
너도 밥값 많이 내라

딸아, 남자친구 만날 때 돈 씀씀이에 인색하지 마라. 데이트 비용을 남자가 일방적으로 부담하는 건 아주 옛날 이야기란다. 여자가 수입이 전혀 없거나 남자에 비해 턱없이 적을 때의 모습이지. 너와 남자친구의 수입이 대등하다면 반반 부담을 원칙으로 하는 게 당당해서 좋아.

직장에서 남녀 동료의 수입이 엇비슷함에도 남자가 식사 비용을 우선적으로 부담하는 문화가 아직도 남아 있는데 하루빨리 사라져야 할 병폐라고 생각해. 계산할 때 슬그머니 꽁무니 빼는 여직원들, 참 보기 흉하단다

요즘 젊은이들 사이에선 데이트 비용을 공동 부담하고자 예금통장을 함께 운용한다는구나. 좋은 방법이라고 생각한다. 아마 비용을 절약하는 효과도 있을 거야. 인심도 애정도 돈에서 나온다는 말이 있지. 씀씀이에 자신이 있어야 발언권을 확보할 수 있어.

결혼은
신중하게 결정해라

"결혼은 새장과 같다. 밖에 있는 새는 들어가려고 애쓰며, 안에 있는 새는 나가려고 발버둥 친다."

철학자 미셸 드 몽테뉴가 한 말이란다. 딸아, 연애와 결혼은 차원이 달라. 연애는 하다가 그만둘 수 있지만 결혼은 여러 측면에서 간단하지 않거든. 그래서 신중에 신중을 기해서 결정해야 해. 이혼하려고 발버둥 칠 결혼일랑 해서는 안 되기에 하는 말이다.

결혼은 국가가 제도적으로 배타적 사랑을 영구적으로 보장해주기에 매우 유익하지만 양측 가족이 즉각 개입되기 때문에 불편한 점이 한둘이 아니란다. 오랜 연애 끝에 결혼했다가도 금방 이혼하는 사례를 보면 역시 결혼은 두 당사자만의 문제가 아님을 알 수 있지. 평생 행복을 연구한 철학자들 중에 비혼주의자가 많다는 사실은 시사하는 바가 작지 않아. 그래도 결혼은 해야겠지?

결혼하기 전에
예비 남편의 친구들을 만나보아라

딸아, 결혼했다가 속임을 당했다고 후회하는 사람이 가끔 있어. 속담에 '열 길 물 속은 알아도 한 길 사람 속은 모른다'는 말이 있지. 남편감에 대해 웬만큼 파악했다고 생각해도 전혀 엉뚱한 데서 거짓이 드러나는 경우가 있어. 꽤 오래 사귀다 결혼해도 그럴 수가 있지. 약점을 숨기려고 작정하면 얼마든지 가능하다는 얘기란다. 거짓이 드러나면 신뢰가 깨지기에 결혼 생활이 온전할 리 없어.

흔한 속임수로 결혼 전력, 불치병, 도벽, 술주정 습관 숨기기를 들수 있지. 학력이나 재산 부풀리기도 더러 있어. 사랑의 불길에 휩싸여 감쪽같이 속기도 할 테니 냉정하게 살펴볼 필요가 있어. 결혼할 남자의 친구들을 여러 갈래로 만나보면 도움 될 것이다. 자연스러운 분위기에서 숨긴 사실이 드러날 수가 있거든.

이런 남자와는
결혼하지 마라

딸아, 결혼은 연애와 달리 지극히 현실적인 행위란다. 사랑과 낭만을 잠시 접고 과연 이 남자와 평생을 함께할 수 있을지 면밀히 따져봐야 해. 사랑 하나만 믿고 면사포를 쓰기엔 위험 부담이 너무 크단 얘기야.

남자는 누가 뭐래도 생활능력이 있어야 해. 경제적으로 가족을 윤택하게 하지 못하는 남편과는 분란이 생길 수밖에 없어. 아내가 경제적 능력이 있다 해도 남자의 자존심에 상처가 나면 언젠가 사랑에 금이 갈 수도 있거든.

남자의 가족이 결혼 생활에 장애가 될 가능성도 잘 살펴봐야 해. 특히 시부모 될 분들의 인품은 더없이 중요하단다. 요즘 시집살이라는 게 없다고들 하지만 너한테는 얼마든지 예외일 수 있거든. 결혼 준비 과정에서 흔하게 드러나니 잘 살펴야 한다. 영 아니다 싶으면 결혼식 직전에라도 멈추는 게 좋아.

작은 결혼식이
좋다

딸아, 아빠는 결혼식을 종교시설에서 하는 게 제일 좋다고 생각해. 물론 남편과 종교가 같아야겠지만 사전에 같도록 노력하면 더 좋겠지. 교회나 성당, 사찰 등에서 믿음을 갖고 엄숙하게 사랑을 공표하면 의미가 각별해서 좋을 것 같아.

일반 예식장을 이용하더라도 작은 결혼식이면 좋겠다. 하객이 많아 누가 누군지도 모를 정도로 시끌벅적한 분위기에서 예식을 올리는 건 정말 좋지 않은 것 같아. 신랑 신부 그리고 부모가 진심으로 축하받으려면 무조건 하객 수가 적어야 해. 그러면 결혼식이 남들에겐 민폐라는 생각도 할 필요가 있지.

그리고 요즘 유행하는 '주례 없는 결혼식'도 아빠는 마음에 들지 않아. 진지함과 엄숙함이 부족해서 말이다. 축제 분위기를 내고 싶다면 결혼식 끝나고 신랑 신부 친구들만으로 별도 피로연을 가지면 되잖아.

부부 이심이체임을
빨리 깨달아라

딸아, 신혼부부가 행복하려면 두 사람이 일심동체(一心同體)가 아니라 이심이체(二心異體)임을 빨리 깨달아야 한다.

금성에서 30년을 살다 지구에 여행 온 네가 화성에서 여행 온 남편을 만나 결혼했는데 어떻게 금방 일심(一心)이 될 수 있겠니. 성장 배경과 환경이 전혀 다르기 때문에 의견 차이가 발생하는 건 너무나 당연하다고 생각해야 해. 사고방식이 절대 같을 수가 없다는 거지.

남편의 일거수일투족이 마음에 안 들 수도 있어. 하지만 그것을 이해하려고 노력하렴. 남편이 너와 생각이 다를 뿐 틀린 게 아님을 인정하는 것이 무엇보다 중요해. 긴 항해를 함께하며 서로 달랐던 생각을 조금씩 맞추어가는 것이 결혼 생활이라고 보면 된다. 일심동체는 인생 끝자락에 어쩌면 달성할 수도 있는 목표라고 생각하렴.

남편을 사랑하되
속박하지 마라

딸아, 여자가 파도라면 남자는 고무줄이라는 말 들어봤니? 존 그레이의 저서《화성에서 온 남자 금성에서 온 여자》에 나오는 말이란다. 여자가 파도처럼 감정의 기복이 잦다면, 남자는 고무줄처럼 도로 잡아당겨질 때까지 최대한 멀어지려는 속성을 갖고 있다는 비유지.

그래, 남자의 그런 속성을 이해하고 사는 것이 좋아. 남편을 사랑한다는 이유로 소유하려고 들면 곤란해. 다툼이 생길 수밖에 없어. 남편은 엄연히 별도의 인격체이기 때문에 영혼의 자유를 보장해줘야 해. 그렇게 하는 것이 부부가 함께 행복한 길이야. 고무줄은 가끔씩 잡아당기면 금방 돌아오게 되어 있어.

"(결혼하면) 서로 사랑하되 속박이 되지 않게 하라. 사랑이 두 사람 영혼의 해변 사이에서 출렁이는 바다가 되게 하라."

칼릴 지브란이 저서《예언자》에서 한 말이란다.

남편의 꿈을
응원해줘라

딸아, 인간은 꿈을 먹고사는 존재란다.

"꿈을 품어라. 꿈이 없는 사람은 아무런 생명력이 없는 인형과 같다."

스페인 작가 발타자르 그라시안의 말이야.

결혼이 꿈을 실현하는 견인차가 되어야지 포기의 굴레가 되면 안된다. 사랑하는 두 사람의 꿈을 잘 다듬어서 함께 목표를 세우고 구체적인 계획을 짜는 일은 큰 기쁨일 수 있어. 차제에 실현 방법을 현실에 맞게 리모델링하는 기회가 될 수도 있단다. 종착할 항구가 생기면 바람이 너희를 반드시 도와줄 것이다.

딸아, 남녀 간 큰 차이는 없겠지만 남자는 결혼을 계기로 소중한 꿈을 슬며시 접을 수도 있다는 점을 염두에 두렴. 어떤 경우에도 가족을 경제적으로 책임져야 한다는 부담 때문이지. 그런 점을 잘 살펴서 응원해주는 게 좋아. 이는 지혜로운 아내의 덕목이란다.

남편에게
잔소리하지 마라

딸아, '아침 잔소리는 보약'이라는 말이 있어. 듣기 싫지만 행동거지를 개선하는 데 도움 된다는 뜻이겠다. 하지만 대부분의 잔소리는 득보다 실이 더 많아. 그래서 최소한에 그쳐야 한다. 특히 남편을 향한 아내의 잔소리는 되도록 피하는 것이 좋아.

잔소리란 '쓸데없는 말 혹은 필요 이상으로 듣기 싫게 꾸짖거나 참견함'을 말하지. 필요한 만큼 적당히 조언하고 지적하는 건 문제 될 게 없어. 하지만 필요 이상이 되면 아무리 유용한 내용이라도 공허한 외침이 될 가능성이 커. 남편에게 스트레스만 주는 자기만족이라고 봐야지.

남편에게 잔소리하는 건 남편을 '관리받아야 할 대상'으로 여긴다는 뜻이 담겨 있어. 남편 입장에선 졸지에 하급자가 되는 꼴이기에 좋아할 리 없지. 반복되는 잔소리는 생산성도 아주 낮다는 사실을 명심하렴.

남편에게
어리광하지 마라

딸아, 세상의 아내들 중엔 남편에게 잔소리하는 사람도 많지만 어리광하는 사람도 적지 않아. 주로 아내의 나이가 어린 경우에 그렇지. 마치 아이들이 부모한테 부리는 응석처럼 남편의 애정이나 신뢰를 확인받기 위한 행동과 다름없단다.

말이나 행동에서 애교 수준의 어리광을 부리는 건 나쁠 것 없어. 인정 욕구는 누구한테나 있는 법이니까. 하지만 그 정도가 심해서 반복되는 자기 이야기를 집중해서 듣지 않거나 걱정을 많이 해주지 않아 섭섭하다며 토라지거나 짜증을 낸다면 문제가 있어. 남편이 요구사항을 들어주지 않으면 대놓고 화를 내는 여자도 있지.

이런 아내 둔 남편은 얼마나 피곤하겠니. 남편에게 심리적으로 의지하는 건 좋지만 짐이 되어서는 안 돼. 아내가 애써 독립심을 발휘해야 한다. 인생은 결국 혼자 살아가는 여정이란다.

남편과
취미 생활을 함께해라

딸아, 요즘 직장인들은 주52시간제 시행으로 여가시간이 크게 늘어났지. 그래서 취미 생활을 제대로 즐길 수 있는 세상이 되었어. 생의 활력을 위해 돈과 시간이 들더라도 마음먹고 취미 생활을 즐기는 것이 좋겠다.

이럴 때 부부가 같은 취미를 갖고 있으면 참 좋아. 둘이 함께하는 시간이 많아 애정을 잘 가꿀 수 있거든. 남편의 좋은 취미는 당연히 인정하고 응원해줘야겠다. 또 네가 조금이라도 관심이 있다면 익혀서 함께 즐기는 것이 좋겠다.

웬만한 취미는 누구나 다듬어 키울 수 있어. 어떤 놀이가 관심 밖인 경우 십중팔구 지금까지 접할 기회가 없었기 때문이지. 지금부터 관심 갖고 돈과 시간을 투자하면 얼마든지 자기 취미로 만들 수 있단다. 젊은 시절에는 배우기도 어렵지 않잖아. 지금이라도 멋진 취미 많이 개발해보렴.

우정

진정으로 좋은 친구가 되려면 인격을 갖춰
서로 닮은 선한 사람이어야 한단다.
이런 친구는 설령 유익과 즐거움이 따르지 않더라도
평생 정을 나누며 살 수 있지. 마음과 마음이 통하는 사이 말이야.

친구는
최고의 재산이다

딸아, 세상에 친구가 없다면 엄청 허전하겠지. 벤저민 프랭클린은 "아버지는 보물이고 형제는 위안이며 친구는 그 둘 모두이다"라고 말했단다. 그는 "이 세상 최고의 재산은 진정한 친구"라고도 했어.

그렇다. 사랑 가득한 가족이 있는 사람에게도 친구는 반드시 필요해. 부부간, 부모 자녀 간, 형제자매 간에 허물없이 지내는 사람도 친구가 없으면 남모를 외로움을 느낀단다. 친구 사이에 오가는 정은 가족 간의 그것과 별개거든. 가족한테 털어놓기 힘든 이야기도 친한 친구한테는 편하게 할 수 있는 경우도 많잖아.

딸아, 가족은 태어나면서 주어지는 것인 데 반해 친구는 자신의 행복을 위해 스스로 선택하고 만들어야 해. 이기적일망정 동기를 갖고 찾아 나서야 하지. 최고의 재산인 친구를 많이 사귀기 위해서는 그만큼 시간과 돈을 투자해야겠지.

친구는
식탁이요 화로이다

"친구는 여러분이 사랑으로 씨 뿌리고 감사함으로 거두어들이는 여러분의 밭이다. 그는 또 여러분의 식탁이요 화로이다. 여러분이 배고플 때 찾아가고 포근함이 필요할 때 찾아가기 때문이다."

딸아, 칼릴 지브란의 《예언자》에 나오는 말이란다. 친구를 아주 적확하게 묘사한 문장이지. 친구를 사귀는 목적은 누가 뭐래도 유익과 즐거움을 위해서란다. 친구를 만날 때 몸과 마음이 편안해야 하는 이유지. 오랜만에 만났는데 심신이 불편해지는 사이라면 친구가 될 수 없어. 혹시 친구가 되더라도 금방 헤어질 가능성이 높아.

딸아, 그런데 이 단계를 넘어 진정으로 좋은 친구가 되려면 인격을 갖춰 서로 닮은 선한 사람이어야 한단다. 이런 친구는 설령 유익과 즐거움이 따르지 않더라도 평생 정을 나누며 살 수 있지. 마음과 마음이 통하는 사이 말이야.

COUNSEL
177

진정한 친구
두 명 이상은 만들어라

딸아, 주변에 친구를 아주 폭넓게 잘 사귀는 사람이 있을 거야. 성격이 좋고 부지런해서 동창회 활동을 열심히 하는 이가 이런 부류지. 인기 좋고 꽤나 행복해 보여 사람들에게 부러움을 사곤 하지.

하지만 딸아, 친구는 전체 숫자가 아니라 절친 숫자가 중요하단다. 진정으로 좋은 친구라면 단 두 명만 있어도 성공이야. 너에게 진정한 친구란 어떤 사람일까. 너의 모든 고민을 귀담아 들어줄 사람, 너의 불행을 진심으로 가슴 아파하며 도와주려는 사람, 너의 행복을 시기 질투 없이 진심으로 축하해주는 사람 아닐까 싶다.

한 가지만 더 보탠다면 언제 어떤 상황이라도 전화해서 만날 수 있는 사람이지 싶다. 새벽 세 시에도 큰 미안함 없이 전화 걸 수 있는 친구가 있으면 참 좋겠지.

친구 적다고
한탄하지 마라

딸아, 친구는 적을 수도 있고 많을 수도 있어. 환경 따라 성격 따라 차이가 있을 뿐 능력의 문제는 아니야. 어릴 때 많았지만 나이 들면서 확 줄어드는 사람도 있고, 그 반대인 경우도 있어. 중요한 것은 네가 진정으로 친구를 더 늘리고 싶은 마음이 있느냐 여부란다. 마음만 먹으면 얼마든지 가능하거든. 늦었다 싶어도 노력하면 얼마든지 사귈 수 있어.

사마천은 불세출의 저서 《사기》에 이런 말을 남겼단다.

"머리가 하얗게 될 때까지 만났는데도 여전히 낯선 사람이 있고, 비가 와서 잠깐 처마 밑에서 비를 피하며 우산을 함께 썼을 뿐인데도 오래 사귄 친구처럼 느껴지는 사람이 있다."

크고 작은 모임에 나가서 첫인사 나누고, 얼굴 아는 사이라면 전화해서 만남을 제의해보면 어떨까. 세상만사 생각보다 행동이 중요하단다.

먼저 다가가서
마음을 훔쳐라

딸아, 누군가와 사귀려면 네가 먼저 다가가는 것이 중요해.
사귀면 좋은 친구가 될 것 같은 사람이 있다면
주저 없이 말을 걸어보렴.
마음 졸이다 기회 놓치고 후회해봐야 아무 소용 없어.
용기 있는 자가 사랑을 쟁취하듯이
친구도 용기 있는 자의 몫이란다.
여럿이 처음 만난 자리에선 누구나 어색하고 서먹서먹하지.
만남을 이어가자고 제의하는 것이 조심스러울 수밖에 없어.
하지만 그런 제의는 상대방에 대한 호감 표시이기 때문에
나쁠 게 전혀 없단다. 그 사람에게도 고마울 따름이지.
초등학교, 중학교 시절 만나다 헤어진 친구 중에
보고 싶은 이가 있다면 오랜만에 전화 한 번 걸어보는 것도
좋은 방법이야. 어쩌면 그 친구도 너를 마음에 두고 있기에
전화 받고 몹시 반길지도 몰라.
그의 마음을 네가 먼저 훔치는 거지.

네가 좋은 친구감이 되어야 한다

딸아, 좋은 친구를 사귀려면 네가 먼저 좋은 '감'이 되어야 한다. 친구는 어차피 피 한 방울 안 통하는 남남끼리의 만남으로 이루어지지. 서로 호감을 갖고 만남을 이어가야 비로소 친구가 될 수 있어. 그냥 수많은 친구 중 한 명이라면 몰라도 진정으로 좋은 친구 관계를 맺고 싶다면 네가 눈에 띌 정도로 호감을 살 수 있어야 해.

특별히 어려운 일이 아니야. 객관적으로 좋은 조건을 다 갖추어야 좋은 친구감인 것은 아니거든. 공부 잘하고 얼굴 예쁘고 좋은 직장 다녀야 좋은 친구 사귈 자격이 있는 게 아니라는 말이야.

중요한 것은 심성과 태도라고 봐야겠다. 상대방을 배려하는 사랑의 마음, 언행이 단정하면서도 유쾌해서 즐거움을 주는 스타일이면 충분하지. 지혜가 넘쳐 사귀면 도움 될 것 같다는 인상을 주면 더 좋겠지.

COUNSEL
181

나이가 적어도
좋은 친구 될 수 있다

딸아, 친구라고 해서 꼭 동갑내기여야 하는 건 아니란다. 생물학적 나이가 중요한 게 아니라 몇 살 적어도 지적 수준이 비슷하고 지향하는 바에 의기투합한다면 얼마든지 좋은 친구가 될 수 있어. 동년배라 해도 세상을 바라보는 태도나 생활 방식에 차이가 있으면 좋은 친구가 되기 어렵지.

우리 역사에서 보면 나이와 상관없이 멋진 우정을 가꾼 사람이 적지 않단다. 절친으로 알려진 김춘추와 김유신은 무려 아홉 살, 이항복과 이덕형은 다섯 살 차이란다.

아마 우리만큼 나이가 벼슬인 나라는 전 세계 어디에도 없을 거야. 서양에선 상대방의 정확한 나이를 모른 채 평생 친구로 지낸다는 것 아니냐. 아무튼 마음 통하는 후배에게 예의 갖춰 잘 대하면 동갑내기 이상으로 좋은 친구가 될 수 있어. 이와 더불어 '선배 친구'도 많이 사귀렴.

사랑에 빠져도
우정을 소홀히 하지 마라

딸아, 남자친구 생겼다고 해서 우정을 내팽개치면 안 된다. 사랑과 우정은 대립적인 게 아니라서 얼마든지 공존할 수 있단다.

간혹 사랑에 지나치게 빠진 나머지 오랜 친구들을 소홀히 대하는 청년들이 있지. 주어진 시간이 부족한 탓이겠지만 친구들이 섭섭함을 표시할 정도라면 곤란해. 결혼해서도 마찬가지란다. 배우자가 있다는 이유로 친구들과의 만남을 아예 끊다시피 하는 사람이 더러 있지.

남친이나 남편에게 거리를 두라는 것이 아니라 적절히 잘 처신하라는 거야. 일시적으로 남친 혹은 남편과 사랑에 빠진 걸 이해해주지 못하면 사실 친구도 아니지. 중요한 건 정도 문제야. 특히 남친이나 남편이 없는 친구를 대할 때는 더 배려심을 갖고 행동해야 해. 우정, 한번 상하면 영영 복원하기 어려울 수도 있어.

친구 앞에서
잘난 체하지 마라

딸아, 친한 친구가 아니라면 그 앞에서 잘난 체하지 마라. 자랑도 되도록 하지 마라. 속을 다 내보여줄 수 있을 정도의 절친이라면 예외일 수 있겠지만, 친구는 기본적으로 시기 질투심을 갖고 있어. 일반적으로 동년배인 데다 비슷한 수준의 학력과 경력, 사회적 지위를 갖고 있기에 경쟁심을 많이 느끼는 사이란다.

잘난 체하는 것 좋아하는 사람 없겠지만 친구 사이는 특히 그렇단다. 겸손해서 자기를 낮추고 상대방의 말을 많이 들어주는 친구가 호감을 사지. 사실 친구 사이라면 상대방의 지적·경제적·사회적 수준을 거의 정확히 파악하고 있거든. 굳이 잘난 체해서 교만하게 비칠 필요가 없어.

"겸손해져라. 그것은 다른 사람에게 가장 불쾌감을 주지 않는 종류의 자신감이다."

프랑스 소설가 쥘 르나르가 한 말이란다.

없는 자리에서
친구를 욕하지 마라

딸아, 우정은 기본적으로 신의를 먹고 자란단다. 유교의 삼강오륜에 붕우유신(朋友有信)이 자리잡고 있는 이유다. 신의를 저버린 사람끼리 친구가 된다든가 우정이 유지된다는 건 상상하기 어려워. 반대로 지속적이며 견고한 신의는 우정을 한층 두텁게 하지.

친구의 뒷담화는 신의를 저버리는 대표적 언행이란다. 마음에 들지 않든가 섭섭한 일이 있으면 면전에서 풀어야지, 다른 사람 앞에서 욕하는 것은 친구를 두 번 기분 상하게 하는 거야. 그 친구 마음이 크게 상처 입을 가능성이 높고, 당연히 친구 관계가 흔들릴 수 있어. 반대로 없는 자리에서 덕담을 해봐. 그 친구가 전해 들으면 얼마나 유쾌하겠니.

"보이지 않는 곳에서 나를 좋게 말하는 사람이 진정한 친구이다."

영국 작가 토마스 풀러의 말이란다.

친구와의 약속은
반드시 지켜라

딸아, 우정을 가꾸는 데 신의가 중요하다고 했지. 약속을 잘 지키는 것은 신의의 기본이자 핵심이란다. 철강왕 앤드루 카네기의 말에 귀 기울여보렴.

"아무리 보잘것없는 것이라도 한 번 약속한 일은 상대방이 감탄할 정도로 정확하게 지켜야 한다. 신용과 체면도 중요하지만 약속을 어기면 그만큼 서로의 믿음이 약해진다. 그러므로 약속은 꼭 지켜야 한다."

딸아, 약속 지키기는 길들이기 나름이란다. 천금같이 여겨 잘 지키는 습관을 가지면 그다지 어려운 일이 아니거든. 반대로 약속을 대수롭지 않게 여겨 어기는 것을 예사로 생각하면 그것이 몸에 밴단다. 약속 잘 어기는 친구를 보면 약속을 쉽게 잡는 경향이 있어. 그러므로 지키지 못할 약속을 함부로 하지 않도록 조심해야 해. 역시 말보다 행동이란다.

친구에게도
예의를 지켜야 한다

딸아, 참다운 우정은 서로 존경하는 마음에서 생긴단다. 친한 사이라고 해서 허물없고 예의가 없어도 된다는 뜻이 아니야. 예의는 상대방 인격에 대한 존경이라고 할 수 있어. 어떤 경우에도 친구를 예의 갖춰 인격적으로 대하는 것이 중요해.

그런데도 우리는 친해지면 스스럼없는 것이 지나쳐서 경솔하고 무례하게 행동하는 경향이 있어. 순간적으로 정중함과 예의를 잊고 친구의 마음에 상처를 주는 언행을 하지. 이렇게 해서는 좋은 우정을 유지하기 어려워.

딸아, 아빠는 '처음처럼'이라는 표현을 무척 좋아한단다. 어떤 사람을 처음 만났을 때 갖는 설렘, 기대, 조심성 같은 것이 중요하다고 생각하거든. 네가 친한 친구에게 함부로 대한다는 생각이 들면 '처음처럼'이라는 말을 되새겨보렴. 예의가 되살아날 것이다.

진정한 친구는
스승이다

"친구가 될 수 없는 스승은 진정한 스승이 아니고, 스승이 될 수 없는 친구는 진정한 친구가 아니다."

딸아, 중국 양명학자 이탁오의 말이란다. 맞는 말이야. 진정으로 좋은 친구는 너에게 훌륭한 스승일 수 있어. 자신의 지식이나 지혜를 전해줄 능력을 갖추고 있는 셈이지. 물론 그 반대도 마찬가지일 수 있지. 네 친구가 진정한 친구라면 너의 허물을 바로잡아주려 할 것이다. 무책임하게 덕담만 해대는 친구는 참된 친구라고 할 수 없어.

친구가 너의 잘못을 지적하면 고맙게 받아들여야 해. 큰마음 먹고 하는 지적이기에 훌륭한 스승의 가르침이라고 생각해야 해. 더구나 지적이 반복되면 겸허한 자세로 너 자신을 신경 써서 점검해볼 일이다. 어떻게 고쳐야 할지 친구에게 열린 마음으로 조언을 구하면 좋겠다.

친구와는
돈거래 하지 마라

딸아, 친구 간에는 돈거래를 하지 않는 것이 좋아. 함부로 돈을 주고 받다 돈도 잃고 친구도 잃는 경우를 아빠는 꽤 여러 번 봤거든. '돈거래는 부자간에도 하지 말라'는 말이 왜 생겨났겠니. 돈은 오로지 은행하고만 거래하는 것이 좋아.

친구 간 돈거래를 경계해야 하는 이유는 돈을 빌리고 빌려주는 순간 두 사람 사이에 갑을 관계가 형성되기 때문이란다. 약속한 날짜에 돈이 오가고 깨끗하게 정리되면 좋겠지만 잘 안되는 경우가 참 많아. 돈은 한쪽이 궁해서 빌리는 것이어서 제때 못 갚을 가능성은 항상 있다고 봐야 해. 상환 약속이 지켜지지 않으면 곧바로 갑을 관계가 갈등을 유발한단다.

사실 애타게 돈 좀 빌려달라는 친구의 말 내치기가 쉽지는 않지. 그래도 순간의 미안함이 우정을 지키는 길임을 명심하거라.

모범적인 선배를
사귀어라

딸아, 인생에서 친한 선배가 있으면 참 좋아. 학교 선배도 좋고 사회에서 만난 선배도 좋아. 주변을 둘러보면 친구 될 만한 동년배 이상으로 선배도 많단다. 그런데도 우리는 친구 사귀기엔 정성을 쏟으면서 선배와 친분 쌓는 데는 소홀한 편이야. 아니, 거의 외면하다시피 하는 경향이 있어. 어딘가 조심스러워서 그렇지 않을까 싶다.

선배가 좋은 것은 포근함을 느낄 수 있기 때문이지. 친구와는 자기도 모르는 사이 경쟁 심리가 작동하며, 후배에게는 뭔가 도와줘야 한다는 부담이 있지. 그러나 선배는 언니처럼 자연스럽게 기댈 수 있는 존재란다. 특히 집에 언니나 오빠가 없을 경우 선배가 인생의 좋은 향도가 될 수 있어.

모범적인 선배가 있다면 주저 말고 사귀었으면 좋겠다. 그 선배도 내심 너에게 마음을 열고 싶어 할지도 몰라.

가정, 가족

가족은 마음 놓고 기댈 만한 커다란 언덕이라 할 수 있어.
피로 맺어져 떼려야 뗄 수 없는 인연이기에 끝까지 함께 가야 할 사이지.
부부도 그 못지않게 소중한 인연이어서
죽을 때까지 함께 가야 할 존재란다.
험난한 인생길 서로 편하게 기댄 채 걸어가는 거지.

가정을
마음의 안식처로 가꾸어라

딸아, 가정의 화목은 아무리 강조해도 지나치지 않다. 가정이 편안하면 안팎의 모든 일이 술술 잘 풀릴 가능성이 높아.

너도나도 집 한가운데 가화만사성(家和萬事成) 액자를 걸어놓는 이유가 있지 않을까.《명심보감》에서 특별히 강조하는 행복 글귀란다.

하지만 현실에선 찬바람 쌩쌩 부는 집에 사는 사람이 참 많아. 부부가 말 한마디 없이 데면데면 지내거나 부모 자녀 사이에 냉기류가 흐르는 경우 말이다. 가정이 마음의 안식처가 되기는커녕 신경전 벌이는 전쟁터나 다름없지. 학교나 직장에서 돌아왔을 때 반갑게 인사 나눌 정도는 돼야 정상적인 가정 아닐까. 가정에 평화가 깃들게 하려면 구성원들이 함께 노력해야 해. 인도에 이런 속담이 있단다.

"가정에서 마음이 평화로우면 어디 가서든지 축제처럼 즐거운 삶을 영위할 수 있다."

자기 가족을
가장 소중히 여겨라

딸아, 인생에서 자기 자신을 빼고는 가족이 제일 중요하다. 가진 것을 모두 내어줄 수도 있는 사이니까 말이다. 부부, 부모, 자녀, 형제자매보다 더 소중한 게 뭐가 있을까 싶다. 그런데도 주변을 둘러보면 가족보다 바깥 사람들에게 더 비중을 두는 사람이 있어. 직장 동료나 친구에게는 '좋은 사람' 혹은 '너그러운 사람'이라고 평가받을 정도로 배려심 가득한 언행을 하면서도 가족에게는 거의 관심을 쏟지 않거나 냉정하게 대하는 사람 말이다.

영국 소설가 허버트 조지 웰스의 얘기를 들어보면 이런 사람들은 당장 마음 고쳐먹어야 한다.

"눈물로 걷는 인생의 길목에서 가장 오래, 가장 멀리까지 배웅해주는 사람은 바로 우리 가족이다."

딸아, 어떤 상황에서도 가족 한 사람 한 사람을 소중히 여기렴. 당장 오늘부터 따뜻한 눈빛을 전해보면 어떨까.

대화는 화목한 가정의
필수 요건이다

딸아, 가족 간 대화가 없는 가정은 황량할 수밖에 없어. 평화를 기대하기 어렵지. 부부간이든 부모 자녀 간이든 터놓고 대화를 많이 해야 사랑의 강물이 흐른단다. 대화가 단절되면 서로에 대한 관심이 줄어들고, 상대의 언행에 오해가 생겨. 갈등과 분쟁이 초래되는 건 당연하지.

가족 간 대화는 많을수록 좋아. 소재가 사소하고 유치해도 상관없어. 학교생활, 교우 관계, 직장생활, 연애담, 재테크, 미래 준비 등 뭐든지 꺼내놓고 떠들고 웃는 시간을 갖는 것이 좋아. 대화가 무르익으면 걱정거리 해소 방안도 자연스럽게 화제에 오를 수 있지.

대화는 화목한 가정의 필수 요건이란다. 학교나 직장에서 돌아오면 가족들에게 낮에 경험한 일을 소개하며 웃음꽃을 피우는 딸이면 좋겠다. 피곤해도 최소 삼십 분 정도는 대화에 참여하기 바란다.

가족 전체가 모였을 때는
텔레비전을 꺼라

딸아, 텔레비전은 가족 간 대화를 가로막는 주범이다. 가족 행복 훼방꾼이라고도 할 수 있지. 텔레비전에는 분명히 장단점이 있어. 정보 제공 및 오락 기능은 두말할 필요도 없이 좋은 점이라 할 수 있어. 하지만 긴 시간 몰입으로 다른 일을 못 하게 하는 역기능이 더없이 크단다.

취향에 따라 유익한 프로그램을 간헐적으로 시청하는 것은 얼마든지 좋아. 월드컵 경기나 화제의 교양 다큐멘터리를 시청하지 말라는 게 아니야. 봐도 그만 안 봐도 그만인 프로그램을 정신 줄 놓고 보니 문제지.

딸아, 최소한 가족 전체가 모였을 때는 텔레비전을 끄는 게 좋을 것이다. 모처럼 만나 이야기 꽃을 피울 수 있음에도 텔레비전에 빨려들어 모두 '바보'가 되는 건 불행한 일이잖아. 텔레비전을 적당히 멀리하는 지혜로운 딸이 되면 좋겠다.

식사는
가급적 함께해라

딸아, 가족은 식사를 함께하는 것이 좋아. 한집에 살며 식사를 함께하는 사람이라야 진정한 가족, 즉 식구(食口) 아니겠니. 부부는 말할 것도 없고 자녀까지 포함해서 온 가족이 식탁에 둘러앉아 함께 식사하는 건 상당히 큰 행복에 속한단다. 외출 준비나 요리를 조금씩 서두르거나 늦추어서 같은 시간에 모여 앉는 자체가 가족 사랑이라고 할 수 있지.

하루 한 번이라도 식사를 함께하면 가족 대화의 장이 마련되니, 참 좋아. 부모나 자녀가 하루를 어떻게 보내는지 알 수 있는 절호의 기회이지. 부모 입장에서는 어린 자녀에게 밥상머리 교육을 할 수도 있단다.

부부가 머리 맞대고 요리를 함께하거나 자녀가 부모 부엌일을 도우며 이야기꽃을 피우는 것도 좋아. 무엇이든 함께해야 멀리 갈 수 있단다.

가족여행을
많이 해라

"목적지에 닿아야 행복해지는 것이 아니라 여행하는 과정에서 행복을 느낀다."

딸아, 작가 앤드류 매튜스의 여행 예찬론이란다. 여행은 낯선 곳을 찾아가는 설렘 때문에 모든 사람에게 행복이지.

혼자 혹은 친구들과 떠나는 여행도 좋지만 가족이 함께하는 여행은 더 좋아. 가족끼리 사랑의 대화를 나누며 멋진 추억을 남기는 것은 크나큰 행복이란다. 자매끼리도 좋고, 부부끼리도 좋고, 부모 자녀가 함께해도 좋아. 꼭 해외여행이라야 좋은 것도 아니란다. 국내에도 가볼 만한 데가 얼마나 많은지 모른다. 먼 데라야 이박삼일, 가까운 곳은 당일치기도 가능하잖아.

여행길에선 누구나 마음이 편안해지지. 그래서 터놓고 속 얘기를 나눌 수 있단다. 가족 사랑을 재확인하고 오해가 있다면 풀 기회가 되니, 이 얼마나 좋으냐. 당장 여행 계획을 세워보렴.

멋진 가훈을
만들어라

"황금 보기를 돌같이 하라."

견금여석(見金如石)이라는 말은 조선 초기 성리학자 성현의 수필집 《용재총화》에 나오는데, 고려 말 최영 장군 집안의 가훈으로 알려져 있지. 최영 장군이 이 가훈을 몸소 실천했기에 멋진 인생을 살다 갔다고 평가받는 것이겠다.

딸아, 결혼해서 가정을 이루면 가족 구성원이 함께 추구할 가치 있는 가훈을 하나 정하는 것이 좋아. 스스로 훈계하거나 마음을 다잡는 내용도 좋고, 처세나 대인관계와 관련된 것도 좋고, 건강관리에 관한 것도 좋단다. 고사성어로 된 것도 좋고, 아름다운 시구도 좋아. 가족들 가슴에 잘 와닿으면 그만이지.

가훈을 학교 교훈처럼 일방적으로 정하는 건 바람직하지 않아. 가족 구성원이 공감하는 내용을 내세워야 실천을 어느 정도 담보할 수 있을 테니까.

가족끼리도
예의를 지켜야 한다

딸아, 가족이라고 해서 함부로 대해선 안 된다. 유교 도덕에 삼강오륜이라는 게 있잖아. 그중 부위부강(夫爲婦綱)과 부위자강(父爲子綱)은 각각 부부 사이, 부자 사이에 마땅히 지켜야 할 도리가 있다는 뜻이지. 옛사람들이 정한 도덕률이지만 21세기인 지금도 유념해야 할 말이라고 생각해. 마땅히 지켜야 할 도리를 지키지 않으면 사달 나기 일쑤지.

그렇다. 부부가 아무리 사랑하는 사이라도 언행을 함부로 하면 마음에 상처를 입힐 수 있어. 누구에게나 입은 화의 문이 될 수 있으며, 혀는 몸을 베는 칼이 될 수 있거든. 허물없이 지내는 건 좋지만 선을 넘어서는 안 돼.

자매나 남매간에도 최소한의 예의는 지킬 줄 알아야 해. 부모에게는 더 말할 필요도 없겠지. 애교가 버릇없음으로 변질되지 않도록 유념하기 바란다.

가족이라고
너무 의존하면 안 된다

딸아, 가족은 마음 놓고 기댈 만한 커다란 언덕이라 할 수 있어. 피로 맺어져 떼려야 뗄 수 없는 인연이기에 끝까지 함께 가야 할 사이지. 부부도 그 못지않게 소중한 인연이어서 죽을 때까지 함께 가야 할 존재란다. 험난한 인생길 서로 편하게 기댄 채 걸어가는 거지.

하지만 딸아, 너무 의존한 나머지 사랑하는 가족을 피곤하게 하는 건 금물이야. 장성한 자녀 때문에 부모가, 동생 때문에 언니가, 아내 때문에 남편이 쉼 없이 스트레스 받으며 사는 건 적잖이 불행이란다.

일단 성인이 되면 경제적으로든 심리적으로든 거의 완벽하게 독립하는 것이 정상이란다. 그렇게 하려고 애써 노력하렴. 최선을 다해도 안될 경우 가족에게 도움을 청할 수는 있지. 그것도 최소화하겠다는 마음을 갖도록 해라.

집안일을
자발적으로 해라

딸아, 집안일은 어떤 경우에도 가족이 함께해야 한다. 집안일이 필수라면 가족 구성원들이 분담해서 하는 건 너무나 당연한 노릇이지. 청소, 빨래, 장보기, 요리, 설거지, 육아에 얼마나 손이 많이 가더냐. 이를 특정인에게 미루어 맡기는 건 말이 안돼. 이 문제로 불화를 겪는 사람이 많다는 건 불행한 일이야.

물론 공부나 직장 관계로 집안일에 적극 동참하기 힘든 경우도 있겠지만 최소한의 노력은 해야 해. 이것은 가족에 대한 배려이자 예의란다. 예를 들어 자기 방만큼은 깨끗하게 정리정돈하고, 누군가 빨래해서 개켜놓은 옷은 제때 자기 옷장에 가져다 넣는 게 정상이지.

부부끼리 서로 힘을 합해 집을 청결하게 하는 데 각별히 관심을 가지렴. 집안일을 더불어 재미있게 할 수 있는 묘수를 찾는 것도 지혜로운 사람들의 몫이겠다.

최고의 효도는
건강과 동기간 우애다

"자기 부모를 섬길 줄 모르는 사람과는 벗하지 말라. 왜냐하면 그는 인간의 첫걸음을 벗어났기 때문이다."

소크라테스의 말이다. 그가 살았던 2400년 전 그리스에서도 효를 백행의 근본으로 여겼던 모양이다.

딸아, 세상이 워낙 바뀌어 효의 의미가 많이 변질되었지만 사람의 기본 덕목임엔 틀림이 없어. 아빠는 자신의 건강을 잃어 부모에게 걱정 끼치는 것을 가장 큰 불효라고 생각해. 부모로서 가장 가슴 아픈 일이기 때문이지. 몸과 마음을 잘 다스려 반드시 건강을 유지하거라.

두 번째 큰 불효는 형제자매 간 불화이지 싶다. 같은 몸에서 태어난 동기끼리 싸움질하는 것 부모로선 목불인견이야. 부모에게는 어떤 호의호식보다 편안한 마음이 최고란다. 아마 사후 하늘나라에서도 그 점을 염려할 것이다.

출필고 반필면을
실천해라

딸아, 유교 경전 《예기》에 '출필고(出必告) 반필면(反必面)'이라는 말이 있단다. '나갈 때 반드시 아뢰고, 들어오면 반드시 얼굴을 뵌다'라는 뜻이지. 부모에 대한 자식의 기본 인사 항목에 해당한단다. 부모가 자녀의 동태를 살펴 안전과 건강을 지켜주려는 사랑의 가르침이라고 할 수 있지.

너는 어떠니? 비교적 잘 지키고 있지만 소홀히 하는 날도 있더구나. 현대식으로 말하자면, 아침에 집에서 나갈 때 그날의 주요 일정을 엄마 아빠한테 말해주면 좋겠다. 학교나 직장에서의 계획을 굳이 비밀로 할 이유는 없잖아.

저녁 시간 예정에 없던 일정이 생길 경우 늦지만 대략 몇 시까지는 귀가할 예정이라고 미리 말해주는 것도 중요하지. 그렇게 해야 우리가 걱정을 면하면서 이런저런 대비를 할 수 있잖아. 너의 안전을 위해라도 꼭 실천하도록 해라.

부모에게
전화 자주 드려라

딸아, 분가해서 살거나 결혼한 경우에도
엄마 아빠한테 자주 전화하렴.
부모에게 자녀란 장성해서 슬하를 떠나더라도
물가에 내놓은 어린아이와 다름없단다.
자주 너의 근황을 알리는 건
마땅히 지켜야 할 도리라고 생각하면 좋겠어.
무소식이 희소식이라는 말은
전화가 아예 없거나 있어도 통신료가 아주 비쌌던
옛날 옛적 이야기란다.
지금은 스마트폰으로 거의 공짜로 전화할 수 있으니
얼마나 편리하냐.
한집에 살 때처럼 매일 출필고 반필면 하기는 번거롭겠지만
되도록 자주 전화해서 소통하는 것이 좋아.
부모 입장에선 딸이 직장생활을 제대로 하고 있는지,
남편과 아름다운 가정을 꾸려나가고 있는지
일거수일투족이 관심이란다.
아무리 사소한 이야기라도 함께 나눌 수 있는 게
부모 자녀 사이란다.
카톡으로라도 수시로 연락하는 딸이었으면 좋겠다.

엄마와는
친구처럼 잘 지내라

딸아, 세상에 어머니만큼 소중한 존재가 또 있을까. "인간의 입술 위에 떠오르는 가장 아름다운 말은 '어머니'라는 말이다. 또한 가장 아름다운 부름은 '나의 어머니'라고 부르는 소리이다."

칼릴 지브란의 소설《부러진 날개》에 나오는 표현이란다.

어머니 대신 엄마라고 부르면 더 좋겠다. 너는 나이 들어도 지금처럼 계속 엄마라고 부르는 게 낫겠다. 네 생각엔 엄마가 무쇠처럼 강한 사람일 것이다. 아무 때나 기대어도 되고, 모든 걸 처리해주는 해결사니까. 하지만 딸아, 엄마도 너처럼 여리고 착한 여인이란다. 딸 앞이어서 그저 강해져야 했을 따름이지.

그래서 하는 말인데 엄마와는 어떤 상황에서도 다정하게 지냈으면 좋겠다. 서로 모든 걸 털어놓는 친구처럼 말이다. 가끔은 한 침대에 누워 엄마를 꼭 끌어안아드리렴.

시부모도
잘 모셔라

딸아, 결혼하면 시부모도 잘 모셔야 한다. 시부모를 사랑과 존경으로 정성껏 모실 때 비로소 네 가정에 평화가 온단다. 시부모는 사랑하는 남편을 낳아서 길러준 참으로 고마운 분들이다. 그분들과 좋은 관계를 맺지 못하면서 건강한 부부생활을 꿈꾼다는 건 어불성설이지.

시부모에게는 친정 부모에게 하는 것의 반만 해도 예쁨받을 수 있어. 이해관계를 따지더라도 그런 노력 안 하는 며느리는 예나 지금이나 바보라고 아빠는 생각해. 그리고 네가 시부모한테 하는 것만큼 네 남편이 친정 부모에게 한다는 사실도 분명히 알아야 해.

시부모에게 기울이는 노력도 물질보다는 마음이어야 한다. 값비싼 선물보다 사랑이 듬뿍 담긴, 애교 넘치는 전화 한 통화가 훨씬 더 좋을 수도 있어. 외로운(?) 시아버지에게도 가끔 그렇게 하렴.

자녀는 결코
소유물이 아니다

딸아, 결혼해서 자녀를 얻으면 정성 들여 잘 키워야 한다. 자녀가 잘 자라야 네가 행복하거든. 그런데 아이는 유아기 때부터 인격적으로 대해야 한다. 자기가 낳았다고 마치 자기 소유물인 것처럼 대하는 부모가 의외로 많아. 욕심쟁이 엄마들의 큰 착각이지.

"현대사회에서는 자녀의 인격을 존중하는 마음을 가진 사람만이 부모 노릇을 하며 충만한 기쁨을 얻을 수 있다."

철학자 버트런드 러셀이 《행복의 정복》에서 한 말이란다. 러셀은 어린 자녀에게 함부로 권력을 행사하지 말라고 각별히 조언했어. 아무리 어려도 인격에 손상이 가게 해선 안 된다는 거야.

워킹맘에 비해 전업주부 엄마가 아이를 더 비인격적으로 대하고, 권력욕을 보이는 경향이 있다고 생각해. 엄마가 아이를 위한다고 직장을 그만두는 게 꼭 좋은 것도 아니란다.

어린 자녀에게
자유를 줘라

딸아, 자녀가 생기면 철학자 장 자크 루소가 쓴 《에밀》을 꼭 한번 읽어보기 보란다. 괴테와 칸트를 감동케 한 불세출의 교육론이야. 260년 전 유럽 사회를 반영한 책이어서 지금 우리가 적용하는 데 한계가 있겠지만 자녀 교육에 자유와 자연을 강조한 그의 통찰은 참으로 놀라워.

딸아, 어린아이에겐 자유가 무엇보다 중요해.

"아이의 움직임을 간섭하지 말아야 한다. 무슨 놀이를 하든 자유롭게 놓아두어야 한다."

루소가 한 말이지. 우리 시대 아이들이 자유를 보장받지 못해 얼마나 신음하고 있느냐. 온통 부모 간섭이지. 힘에 밀려 부모 시키는 대로 하긴 하지만 속으로는 부글부글 끓지 싶다.

루소는 또 도시를 떠나 농촌에서 아이를 키우라고 조언했지. 현실과 다소 동떨어졌다고 보일지 모르지만 한 번쯤 귀담아들을 필요가 있어.

안전, 건강

조금이라도 몸이 아프면 무조건 쉰다는 생각을 하렴.
큰 병이 아니라면 대개 푹 쉬면 다 낫거든.
몸이 아프면 공부든 일이든 잠시 접는 것이 좋아.
빨리 회복하는 것이 상책이지.

교통신호는
무조건 지켜라

딸아, 교통신호는 원래 차량의 원활한 흐름을 위해 생겼지만 보행자와 운전자의 안전에도 더없이 중요하단다. 그런데 차량 통행이 한적한 곳에서 신호를 지키지 않아 사고 내는 경우가 많아. 한마디로 안전불감증이지.

아침 일찍 출근하거나 산책할 때 특히 조심해야 한다. 차가 눈에 보이지 않는다고 무단 횡단하거나 신호를 위반했다가는 언제 사고를 당할지 몰라. 모든 교통사고는 한순간에 발생하거든. 운전할 때도 마찬가지지. 신호 위반이 사고의 주범이야. 다른 차가 어디서 들이닥칠지 모르고, 또 사람이 언제 나타날지 몰라.

교통신호 어겨가며 서둘러 가봐야 도착시간 불과 5분 앞당길 수 있어. 그것 앞당기려다 수십 년 생명 앞당길 수도 있어. 딸아, 교통신호는 무조건 지켜야 한다는 것 명심하거라.

걸을 때 호주머니에
손 넣지 마라

딸아, 걸을 때 호주머니에 손 넣는 습관 들이지 마라. 발을 잘못 디디며 넘어질 때 손을 쓸 수 없어 크게 다치는 사람을 아빠는 자주 봤단다. 특히 계단을 내려가거나 뛰다가 넘어지면 치명상을 당할 수 있어. 얼굴이나 머리를 다칠 수가 있거든. 넘어지더라도 호주머니에 손 넣지 않은 상황이라면 손이나 팔에 타박상 정도 입고 말 것이다.

멋 삼아 호주머니에 손 넣고 걷는 사람도 있지만 그다지 멋스럽게 보이지도 않아. 팔을 적당히 흔들면서 당당하게 걷는 모습이 훨씬 멋있어 보인단다. 겨울철에 손이 시려 호주머니에 넣을 정도라면 장갑을 끼도록 해라. 젊은 여성들이 장갑 끼는 걸 꺼리는 경향이 있는데 너는 안전과 건강을 위해 꼭 챙기렴. 겨울철에는 예쁜 장갑 가방에 넣고 다니는 걸 습관 들이면 좋겠다.

심야에
혼자 다니지 마라

딸아, 우리나라 치안 수준은 전 세계 다섯 손가락 안에 꼽힐 정도로 안전하지. 우리처럼 야간에 마음대로 나다닐 수 있는 나라는 거의 없어.

그럼에도 야간 나들이는 조심해야 해. 네가 혼자일 때 누군가가 위해를 가할 경우 속수무책으로 당할 수 있음을 명심하렴. 어릴 때 호신술이라도 배웠다면 좋을 텐데 그러지 못했으니 조심하는 수밖에 없지. 특히 행인이 없는 심야에는 각별히 조심할 필요가 있어. 혼자서는 절대 다니지 않겠다고 생각하면 좋겠구나.

여성이라도 둘만 되면 공격 당할 가능성이 희박하단다. 누군가가 함께하는 사람이 있다면 사고 발생 시 제때 신고라도 할 수 있기에 좋아. 되도록 자정 이전에 귀가하는 딸이길 바란다. 다음 날 일정을 생각해서라도 자정 이전에 귀가하는 게 바람직하다고 아빠는 생각해.

저속으로 운전하면
사고 날 일 없다

딸아, 교통사고는 십중팔구 과속이 원인이란다. 남성, 특히 운전 경력이 많은 남성이 여성이나 초보 운전자에 비해 사고를 더 많이 낸다는 사실이 그걸 말해주지. 시내에서건 고속도로에서건 제한속도는 가급적 준수하는 것이 좋아. 그렇게 하는 것이 안전하다고 전문가들이 판단해서 정해놓은 기준이거든.

운전 시작할 때 기도하는 습관을 들여보렴. 아빠는 운전석에 앉아 안전벨트를 맨 다음 이렇게 기도한단다.

"오가는 길에 안전운전하게 해주소서. 안전을 위해 과속하지 않게 해주소서. 그리고 제게 양보하는 자세, 여유로운 마음 갖게 해주소서."

운전할 때마다 초보 시절을 떠올려보렴. 겁이 나서라도 과속하지 않게 된단다. 과속은 자만과 욕심의 산물이야. 자칫 목숨을 빼앗아갈지도 모르는 과속, 절대로 길들이지 말거라.

방어 운전 능력을
갖춰라

　딸아, 운전 중 교통사고를 내지 않으려면 방어 운전 방법을 숙지해서 실천해야 한다. 방어 운전이란 돌발 상황의 발생을 예측해서 대처할 수 있는 운전 능력을 말해. 운전에서 교통신호 잘 지키고 과속하지 않는 것 이상으로 중요하지.

　방어 운전은 기본적으로 자기 차 주변에 있는 차량이나 사람의 움직임을 잘 살피는 것이라고 할 수 있지. 최소한 앞차 두 대, 뒤따르는 차 한 대, 좌우 옆 차 한 대씩 모두 다섯 대의 동태를 살피며 운전해야 한단다. 자신이 급제동하는 상황을 만들지 않아야 할 뿐만 아니라 앞차의 급제동 가능성을 염두에 두고 운전해야 추돌을 막을 수 있어.

　다른 차 옆을 지나갈 때 그 차가 급하게 차로를 변경해서 들어올 가능성을 염두에 둬야 하고, 버스나 대형트럭은 가급적 피해서 운전하는 것이 안전하다.

술 한 방울만 마셔도
운전대 잡지 마라

딸아, 한때 술꾼들이 음주 운전을 호기로움의 상징으로 여기던 시절이 있었어. 경찰 단속도, 교통사고 위험도 걱정하지 않는다는 허세라고 봐야지. 얼마나 건방지고도 어리석은 행동인지 몰라.

음주 운전은 자기만 피해 보는 게 아니라 남에게도 치명적인 피해를 입힐 수 있기 때문에 명백한 범죄 행위란다. 경찰이 단속을 꾸준히 강화하고 있음에도 음주 운전하는 사람은 여전히 많아.

음주 운전은 다분히 습관이야. 하지 않는 사람은 절대 하지 않고, 하는 사람은 계속하는 경향이 있어. 너는 절대 하지 않는 사람이 되도록 해라. 술을 한 방울이라도 마시면 운전대 잡을 생각은 아예 접어라. 어중간하게 몇 잔 마시고 운전할 경우 단속에 걸릴까 봐 도착할 때까지 불안하지. 술을 조금이라도 마셨다면 승용차 놔두고 버스, 택시 등 대중교통을 이용하거라.

운동 하나쯤은
생활화해라

딸아, 건강을 위해서는 운동이 필수다. 좋은 음식이나 약으로는 건강을 유지하는 데 한계가 있어. 나이 20대 중반만 되면 노화가 시작되기 때문에 운동을 생활화해야 해. 운동하지 않으면 쉬 피로감을 느끼고, 질병이 따라붙는단다.

운동을 하고 싶은데 시간이 없어서 못 한다고 말하는 사람이 더러 있지. 그건 변명일 뿐이야. 운동은 시간이 나서 하는 것이 아니라 시간을 내서 해야 하는 것이란다. 여가로 할 것이 아니라 일삼아서 반드시 해야 해.

요즘 마음만 먹으면 운동하기 참 좋잖아. 웬만한 곳에는 산책 코스나 둘레길이 있고, 자전거 도로가 있지. 동네 야산에만 가도 각종 운동기구가 설치돼 있어. 바깥에 나가기 귀찮으면 집에서도 영상 틀어놓고 운동할 수 있지. 딸아, 좋아하는 운동 하나 정도는 생활화하면 좋겠다.

규칙적인
수면 습관을 들여라

"좋은 잠이야말로
자연이 인간에게 주는
살뜰한 간호사이다."

딸아, 윌리엄 셰익스피어가 한 말이란다. 그렇다, 좋은 잠은 건강을 보장하는 천연 면역 증진제라고 할 수 있지. 젊어서 건강할 때부터 규칙적인 생활로 잠을 잘자는 습관을 들이도록 해라. 잠을 제대로 자지 않으면 건강이 금방 무너질 수도 있어.

딸아, 잠도 습관이란다. 좋은 습관을 들여야 해. 어린 시절 어른들한테 일찍 자고 일찍 일어나는 것이 좋다는 얘기 많이 들었잖아. 그런 잠이 가장 좋다는 뜻이야.

전문가들에 따르면, 자정 이전 한 시간의 잠이 자정 이후 세 시간의 잠에 맞먹을 정도로 좋단다. 늦게까지 노닥거리지 말고 일찍 잠자리에 들도록 해라.

잠은 최소 여덟 시간 이상 자는 것이 좋아. 그리고 여건이 허락된다면 30분 정도 낮잠을 자는 것도 좋단다.

정상 체중을
유지해라

딸아, 체중은 건강에 큰 영향을 미친단다. 체중 관리가 중요한 이유지. 외견상으로도 체중이 너무 적게 나가거나 너무 많이 나가면 보기에 좋지 않아. 특히 살이 너무 찌면 어딘가 둔해 보이지.

딸아, 비만은 만병의 원인이란다. 특히 성인병의 주범이야. 통통해서 예쁘고 귀하게 보인다는 평을 듣는 수준이라면 아마 건강에 나쁘진 않을 거야. 문제는 그 이상 체중이어서 병원으로부터 경고를 받는 경우이지. 당장 다이어트에 들어가야 해.

다이어트에 운동은 한계가 있어. 운동을 제법 많이 해도 먹는 양을 획기적으로 줄이지 않으면 큰 효과를 보기 어려워. 채식을 겸한 소식이 필수라고 생각해.

"낙타의 육봉과 곰 발바닥이 콩국과 토란 줄기보다 못하다."

중국 황제 가운데 가장 장수했다는 청나라 건륭제의 말이란다.

소식해라

딸아, 소식은 무조건 좋다. 정상 체중을 유지하는 데 도움 될 뿐만 아니라 정신 건강에도 좋아. 치료를 받는 환자나 기력 약한 노인이 아니라면 누구나 소식 습관을 들이는 게 좋아. 과식하면 건강을 잃을 수 있지만 소식하면 잃었던 건강을 되찾을 수 있단다. 송나라 시인 소동파는 "채식이 팔진(八珍) 요리보다 낫다. 배부르기 전에 수저를 거두어라"라고 말했단다.

소식하려면 몇 가지 요령이 필요하지. 음식을 천천히 먹는 것이 중요하단다. 식사를 빨리하는 사람은 소식을 실천하기 어려워. 밥 한 숟갈을 먹더라도 꼭꼭 씹어서 맛나게 먹으면 다른 식탐을 줄일 수 있어. 포만감을 느낄 수 있도록 생야채를 많이 먹는 것이 좋아. 식사하기 전에 물을 많이 마시는 것도 좋은 방법이고.

딸아, 달고 짜고 기름진 음식은 멀리해라. 먹더라도 소식해라.

아침을
거르지 마라

딸아, 규칙적인 식사는 건강에 큰 도움이 된단다. 위장병을 예방하거나 치료하는 데는 그보다 좋은 게 없어. 군에 입대한 지 얼마 안된 장병들 가운데 위장병 있는 이는 거의 없어. 철저하게 규칙적인 식사를 하거든. 입대 전 위장병이 있던 사람도 불과 한 달 만에 깨끗이 낫는단다.

우리가 하루에 식사를 세 번 하는 것은 오래전에 정착된 관행이지. 일상생활에 도움이 되고 건강에도 좋다는 결론에 따른 것 아닐까 싶다. 그렇다면 모두가 지키는 게 좋겠지.

하지만 청년들 중에 아침을 거르는 사람이 너무 많아. 너도 심심찮게 그러더구나. 위장에 좋을 리가 없어. 저녁 식사 후 다음 날 점심 먹을 때까지 위장을 비우는 셈이잖아. 점심 때 과식하는 걸 피하기 어렵지. 세 번 모두 반드시 챙겨 먹되 소식하는 것이 건강에 좋아.

비타민제를
복용해라

딸아, 음식은 골고루 먹는 게 중요하단다. 흔히 말하는 3대 영양소와 무기질은 말할 것도 없고 각종 비타민도 필요량을 적절히 섭취해야 건강을 유지할 수 있어. 비타민은 물질대사나 신체기능 조절에 필수적인 영양소란다. 하지만 체내 합성이 아예 불가능하거나 가능해도 필요량에 미치지 못하는 경우가 있기 때문에 반드시 보충이 필요해.

음식물로 보충하는 게 바람직하지만 여의치 않을 경우 보충제를 복용하는 것이 좋아. 너처럼 수시로 다이어트를 할 경우 반드시 비타민제를 먹어야겠지. 햇볕을 잘 쬐지 않는 한국인의 경우 90퍼센트 이상이 비타민D가 부족하다는 사실도 염두에 두기 바란다.

일일이 챙겨 먹기 힘들기에 종합비타민을 준비해뒀다가 매일 복용하기 바란다. 비타민제의 효능을 맹신할 필요도 없겠지만 절대로 무시해선 안 된다.

건강을 위해 쓰는 돈은
아끼지 마라

딸아, 돈은 당연히 아껴 써야겠지. 그러나 네 건강을 위한 돈은 아낄 생각하지 마라. 다소 부담이 되더라도 써라. 돈이나 권력, 명예가 있더라도 건강을 잃으면 무슨 소용이겠니.

예컨대 체중조절을 위한 다이어트 비용, 근력을 강화하기 위한 헬스장 이용료, 수영 강습 비용, 건강검진 비용, 면역 증진제나 비타민제 구입비, 몸에 좋다는 잡곡 구입비 등은 아낌없이 써라.

딸아, 살다 보면 돈은 항상 부족함을 느낀단다. 돈이 아무리 많아도 허기를 느끼지. 결혼해서 가정을 꾸리려면 더 많은 돈이 들고. 그래서 씀씀이를 적절히 조절해야 함은 당연하다. 낭비 요소를 먼저 줄여야 할 것이다. 하지만 너의 건강을 증진하거나 유지하는 데는 인색하지 마라. 특별한 사정이 없는 한 남편도 반대하지 않을 거야.

2년마다
종합검진을 받아라

딸아, 건강은 건강할 때 챙겨야 한다. 누구나 건강을 잃고 나면 회복하기가 참 힘들어. 특히 치명적인 질병은 영영 회복하지 못할 수도 있어. 그때 가서 후회해봤자 아무 소용 없어.

종합검진은 건강을 점검할 수 있는 아주 효율적인 방법이란다. 특별히 아픈 데가 없더라도 몸 전체를 미리 체크하는 거야. 젊은 사람들은 아직 건강하다는 생각에 검진을 꺼리는 경향이 있는데 잘못된 생각이야. 질병은 나이에 맞춰 생기는 것이 아니거든. 2년에 한 번이라도 검사를 해보면 각종 질병 발생 가능성을 확인할 수 있고, 상황에 따라 미리 조치를 취할 수 있지. 여성암이 대표적이다.

비용이 부담될 수 있겠지만 다른 지출을 줄여서라도 종합검진은 반드시 정기적으로 받도록 해라. 건강 지키는 데는 아무리 욕심을 부려도 나쁘지 않아.

몸 아프면
무조건 쉬어라

딸아, 건강은 자기 스스로 지켜야 한다. 가족이 아무리 잘 챙겨줘도 결국 남의 일이란다. 자기 아픈 건 자기가 가장 잘 알잖아. 남이 위해주고 챙겨주길 바라는 것은 어리석은 생각이야. 학교나 직장에서 이런저런 배려를 해주지만 그것도 한계가 있지.

조금이라도 몸이 아프면 무조건 쉰다는 생각을 하렴. 큰 병이 아니라면 대개 푹 쉬면 다 낫거든. 크게 아프지 않다고 공부 욕심, 일 욕심 부리다 병을 키우는 사람이 많아. 몸이 아프면 공부든 일이든 잠시 접는 것이 좋아. 빨리 회복하는 것이 상책이지.

각종 시험이 임박하지 않다면 시간을 내서 잠을 푹 자도록 해라. 직장 결근이 부담되더라도 과감하게 결근하고 푹 쉬어. 집안일이 밀려 있다면 남편에게 전부 맡겨. 네 건강에는 네가 최우선 순위임을 명심하렴.

정신건강의학과 진료를
꺼리지 마라

딸아, 요즘 심리적·정신적으로 힘들어하는 청년이 참 많더구나. 입시와 취업, 재테크 부담이 커서 그렇겠지. 그런데 힘들면서도 병원 진료받길 꺼리는 사람이 많아 안타까워. 정신질환에 대한 우리 사회의 편견을 의식하기 때문이지. 이웃이나 직장에 알려지는 걸 염려하는 분위기도 여전해.

하지만 딸아, 정신질환은 쉬쉬하며 숨겨야 할 만큼 부끄러운 게 아니란다. 그냥 마음이 아픈 거지. 아프니까 당연히 병원 가서 치료받아야지. 청년들에게 많은 우울증과 공황장애는 반드시 병원 진료를 받아야 해. 약물치료만 받아도 대부분 크게 호전된단다.

상담치료 기법도 좋은 게 많아. 잠을 잘 못 잔다면 수면제 처방을 받으면 간단하게 해결할 수 있어. 마음이 아프다면 주저 없이 정신건강의학과 문을 두드리도록 해라.

담배는
백해무익이다

"담배는 악마로부터 나온 더러운 잡초다. 당신의 코를 굴뚝으로 만들고 당신의 생명을 태운다."

화가 존 윌리엄 워터하우스가 한 말이란다. 딸아, 담배는 정말 백해무익이니 절대 피울 생각하지 마라.

흔히 담배는 스트레스 해소에 도움 된다고 하지만 과학적으로 증명된 게 아니란다. 스트레스를 줄이기는커녕 더 늘인다는 연구 결과도 있어. 담배는 가장 확실한 자살 행위라고 아빠는 생각해. 각종 호흡기 질환을 유발하며 지속적으로 피울 경우 폐암의 직접적인 원인이 되잖니.

청년들이 멋있어 보이려고 담배를 가까이하는 경향이 있는데 전혀 멋있어 보이지 않아. 요즘은 미개하게 비칠 뿐이야. 더구나 여성 흡연자는 청결하지 않다는 이미지를 갖게 한단다. 담배는 중독성이 강해 끊기가 매우 어려우니, 호기심으로라도 피워볼 생각은 하지 말거라.

술, 가끔씩
조금만 마셔라

딸아, 술을 백해무익이라고 말하고 싶진 않구나. 기분을 상쾌하게 만들기도 하고, 속마음을 터놓게 하기에 사람 사귀는 데 도움 되기도 하거든. 식사 때 입맛을 돋우기도 하고 말이야.

하지만 과음에 따른 폐해가 얼마나 큰지 모른다. 술김에 해서는 안 될 말을 털어놓았다가 두고두고 후회하는 사람이 있는가 하면, 상대방의 약점을 들춰냈다가 평생 원수 되는 사람도 있어. 과음에 따른 실언으로 공들여 얻은 명예를 일순간 잃어버리는 사람을 아빠는 많이 봤어. 술 좋아하는 프랑스 사람들은 이런 격언으로 과음을 경계한단다.

"사람을 유혹하러 다니는 악마가 바쁘면 술을 대신 보낸다."

과음은 건강에도 좋을 리 없어. 건강을 위해 축배를 들고 취하도록 많이 마시는 건 정말이지 어리석은 일이야. 너는 마시더라도 가끔씩, 조금만 마시도록 해라.

여유, 여가

석양을 감상하면 겸손해진단다.
하루를 반성하기에 더 멋진 내일을 꿈꿀 수가 있지.
매일 뜨고 지는 태양을 바라보며 희망을 쏠 수 있단다.

삶에는
리듬이 필요하다

"삶이 늘 시적이지는 않을지라도 최소한 운율은 있다. 생각의 궤적을 따라 일정한 간격을 두고 반복되는 주기성이 마음의 경험을 지배한다."

딸아, 영국 시인 앨리스 메이넬의 저서 《삶의 리듬》에 나오는 말이란다. 그래, 우리네 인생에는 리듬이 있어야 한다. 아니 리듬이 있을 수밖에 없어. 낮이 있으니 밤이 있고, 밀물이 있으니 썰물이 있는 것처럼 말이다. 그러니 삶에서 리듬을 거역하면 안 돼. 리듬이 없는 노래는 노래가 아니듯이 리듬이 없는 인생은 인생이 아니라고 할 수 있어.

네가 성공을 위해 끈질기게 전진하는 모습, 아빠는 대견스러워. 하지만 적절히 리듬을 탔으면 좋겠어. 가끔 하늘도 올려다보는 여유를 가져야 해. 그래야 먼 곳까지 나아갈 수 있어. 골프를 잘 치려 해도 마음에는 여유, 몸에는 리듬이 있어야 하거든.

마음의 속도를
늦추어라

딸아, 삶에서 여유는 마음의 속도에 달렸단다. 마음의 속도가 느려야 비로소 여유가 생겨. 방학이 길거나 휴가를 많이 받아도 마음의 속도를 늦추지 않으면 불안, 걱정, 초조 같은 부정적인 생각을 떨쳐버릴수가 없어.

"빠른 마음은 병들어 있다. 느린 마음은 건강하다. 고요한 마음은거룩하다."

인도의 영적 지도자 메헤르 바바가 한 말이야. 그래, 누구나 마음의속도가 느려야 정신이 건강하단다.

일상에서 마음의 속도를 늦추면 여러 가지로 유익해. 예를 들어 어려운 보고서를 쓸 때 천천히 생각을 가다듬을 수가 있지. 별생각 없이곧바로 쓰기 시작하기보다는 생각을 정리해서 쓰는 게 훨씬 효율적이거든. 누군가가 시비를 걸어올 때 곧바로 대응하기보다 잠깐이라도 생각을 정리해서 대응하는 게 효과적이란다. 딸아, 잠시 멈출 줄아는 여유를 갖기 바란다.

사색하는 시간을
가져라

딸아, 마음의 속도를 늦추는 데 사색만큼 좋은 것이 없어. 사색이란 말 그대로 깊이 생각하는 걸 뜻하지. 누구나 사색하는 기회를 자주 가져야 느림의 상상력으로 지혜를 얻을 수 있단다. 깊이 생각할 줄 모르는 사람에게는 미래가 없어.

"사색을 포기하는 것은 정신적 파산선고와 같다."

알베르트 슈바이처가 한 말이란다.

사색이 중요한 이유는 자기 내면의 소리를 들을 수 있기 때문이야. 일상에 떠밀려 바쁘게 살다 보면 삶의 의미를 놓치는 경우가 많거든. 자기가 왜 사는지, 무얼 위해 사는지를 잊고 사는 사람이 의외로 많아.

딸아, 사색은 혼자만의 시간을 필요로 해. 조용한 장소도 필요하지. 서두르지 말고 천천히, 때론 가던 길을 멈추고 생각의 바다에 빠져보렴. 전혀 새로운 발상으로 신천지에 있는 너를 발견하게 될지도 몰라.

하루 한 번씩
하늘을 올려다보아라

딸아, 너는 하늘 올려다보기를 좋아하니? 하늘을 보면 마음이 한없이 편안해진단다. 무한히 넓고 높은 공간이어서 누구에게나 여유가 생기고, 혼탁한 가슴이 맑아지기도 하지. 밤하늘은 더 좋아. 닿을 수도, 잡을 수도 없는 수많은 별이 한눈에 들어오니 말이다. 그래서 하늘은 꿈과 희망이란다.

박노해가 노래한 시 〈너의 하늘을 보아〉는 실의에 빠진 청년들에게 큰 위안이 되지 싶다.

'너무 힘들어 눈물이 흐를 때는/ 가만히/ 네 마음의 가장 깊은 곳에 가 닿는/ 너의 하늘을 보아.'

딸아, 한가한 날은 말할 것도 없고 쉼 없이 바쁜 날에도 잠시 하늘을 올려다보아라. 눈을 지그시 감은 채 심호흡을 하고 무아지경에 빠져보렴. 그 시간은 최고의 휴식이 될 거야. 자주, 매일 한 번씩은 그렇게 해보렴. 네 마음에 절로 여유가 생길 것이다.

가끔
석양을 감상해라

딸아, 일출이 있으면 일몰이 있는 법이다. 출생이 있으면 죽음이 있고, 행복이 있으면 불행이 있듯이 말이다. 그게 세상의 순리 아니겠니. 일몰 때 장관인 석양은 아름답지만 슬픔일 수도 있어. 붉은 빛이 정열적이지만 금방 사라지고 말거든.

그런데도 우리가 일출 못지않게 일몰 장관을 즐겨 감상하고 싶은 것은 일몰 뒤에 어김없이 일출이 찾아오기 때문이란다. 세상사 내리막길이 있으면 반드시 오르막길이 있다는 뜻이지.

석양을 감상하면 겸손해진단다. 하루를 반성하기에 더 멋진 내일을 꿈꿀 수가 있지. 매일 뜨고 지는 태양을 바라보며 희망을 쏠 수 있단다. 석양 보려고 몰디브나 월미도에까지 갈 필요 없어. 그냥 하굣길, 퇴근길에 석양이 보이거든 잠시 걸음을 멈추고 감상해보렴. 그것도 제법 괜찮은 삶의 여유란다.

놀 때는
제대로 놀아라

딸아, 인생에서 행복을 찾는 길에 공부와 일은 필수겠지. 배우고 익혀서 일해야 성공과 행복을 손에 넣을 수 있거든. 그러나 공부든 일이든 끊임없이 계속할 수 없으니 누구나 쉬는 시간을 갖지. 그런데 쉬는시간을 아주 효율적으로 잘 보내는 사람이 있는가 하면 어영부영 허송세월하는 사람이 있어.

너는 어느 쪽이니? 쉬는 시간에는 제대로 쉬는 딸이 되면 좋겠다. 놀 때는 제대로 노는 것이 좋아. 공부 잘하는 아이는 십중팔구 놀 때 화끈하게 잘 놀고, 일 잘하는 사람은 놀 때 멋지게 논단다. 공부든 일이든 일단 해방되면 모든 걸 잊고 노는 데 집중해야 그다음 공부나 일을 잘할 수 있어.

삼성 이건희 회장이 했던 말을 음미해보렴.

"육 개월간 밤을 새워 일하다가 육 개월간 놀아도 좋다. 놀아도 제대로 놀아라."

취미 생활을
즐겨라

딸아, 제대로 잘 놀기 위해서는 좋은 취미를 갖는 것이 중요해. 취미란 공부나 일을 쉬는 시간에 선택하는 놀이니만큼 일단 즐거움이 큰 게 최고지. 숙련도나 효율성은 그다지 중요하지 않아. 네가 원하는 그 어떤 것이라도 할 수 있겠지만 건강에 도움이 되고 안전을 해치지 않는 것이면 좋겠다.

취미는 사회성 향상에 도움이 된다. 다른 사람들과 더불어 즐길 수 있는 종류라면 사회생활의 연장선이라 할 수 있어. 직장 동호회가 대표적이지. 같은 취미를 가졌다는 자체가 서로 호감을 느끼게 하거든. 거기다 활동을 함께하다 보면 쉽게 친해질 수도 있지.

취미가 일이나 직업으로 연결되면 더없이 좋아. 평생 좋아하는 일을 하면서 돈까지 벌 수 있다는 건 진짜 행운이야. 어려서부터 다양하게 취미활동을 하면 유익하다고 어른들이 말하는 이유란다.

뛰거나
종종걸음 하지 마라

딸아, 등교나 출근할 때 뛰거나 종종걸음 하지 마라. 넘어져 다칠 염려가 있는 데다 여유와 품격이 없어 보인단다. 마음이 급하다 보니 몸을 빨리 움직이지 않으면 안 되는 사람의 전형적인 모습이지.

"영혼이 아닌 육체에 노력을 집중하는 사람은 튼튼한 날개로 나는 대신 가냘픈 다리로 종종걸음 치며 목적지까지 가려 하는 새와 같다."

레프 톨스토이의 말이란다.

딸아, 누구든지 몸이 너무 빨리 움직이면 자기 마음을 통제하기 힘들단다. 길 가다 찬란한 일출이 보여도 눈길 줄 틈이 없고, 친한 사람 만나도 다정하게 인사하기 힘들지. 뛰거나 종종걸음 하지 않기 위해서는 하루를 조금 일찍 시작하는 수밖에 없어. 횡단보도 신호등이 깜빡일 때 굳이 뛰어서 건너지 말고 다음 신호 기다려도 될 정도의 시간적 여유는 갖고 사는 것이 좋아.

엘리베이터 닫힘 버튼을
누르지 마라

딸아, 엘리베이터를 이용해보면 사람의 인격을 알 수 있다. 타자마자 닫힘 버튼을 누르는 사람이 있지. 짜증이 난 듯 두 번 세 번 꾹꾹 누르는 사람도 있어. 함께 올라가겠다고 뛰어오는 사람을 보고도 누르는 사람이 있지. 조금이라도 빨리 올라가고자 굳이 누르지 않아도 닫히게 돼 있는 문을 서둘러 닫는 것은 조급함의 표현이야. 이기심의 표현이기도 하지.

반대로 열림 버튼은 마음에 여유가 있는 사람, 이타심을 가진 사람이 이용한단다. 함께 올라가고자 기다려주기 위해, 남들이 먼저 내릴 수 있도록 배려할 때 누르기 때문이지. 이럴 땐 십중팔구 고맙다는 인사를 들을 수 있어. 그런데도 우리는 열림 버튼보다 닫힘 버튼을 더 많이 사용하지.

딸아, 너는 특별히 바쁘지 않는 한 닫힘 버튼을 누르지 마라.

승용차 경적을
울리지 마라

딸아, 길거리에서 자동차 경적을 들으면 누구나 기분이 상해. 보행 중에 들으면 깜짝 놀라 짜증이 나기도 하지. 버스나 택시 말고 일반 승용차 운전자 중에도 시도 때도 없이 경적을 울리는 사람이 있어. 교양은 물론 여유까지 없는 사람이란다.

자동차 경적은 위험 경고용으로 만들어진 것이란다. 자신의 위치를 알려 사고 가능성을 경고하는 수단이지. 짧은 공간으로 갑자기 차로를 변경하는 차, 뒤쪽 상황을 모른 채 후진하는 차, 고속도로에서 졸음 운전하는 차에 대해 사용하면 유용해.

그러나 앞차의 속도가 조금 느리다고, 신호가 바뀌었음에도 곧장 출발하지 않는다고 경적을 울려서는 안 된다. 역지사지해보면 짜증 날 일 아니겠니. 자칫 보복운전을 부를 수도 있단다. 우리 딸은 경적을 가급적 울리지 않는, 여유 있는 운전자가 되기 바란다.

층간 소음,
가급적 참아라

딸아, 공동주택 층간 소음 때문에 힘들어하는 사람이 의외로 많아. 하지만 어쩌랴, 서로 배려하고 관대한 마음을 갖는 수밖에 없어. 괜한 시비로 분란이 생기면 양쪽 다 불행하므로 마음에 여유를 갖는 게 중요하단다.

위층에 살 경우 소음이 생기지 않도록 알아서 조심해야 한다. 특히 심야에는 각별히 유의할 일이다. 위층 소음 때문에 잠을 제대로 이룰 수 없다면 심각한 상황이거든. 아래층에 살 경우 너그러움과 인내심이 필요해. 위층에 소음이 있더라도 가급적 참고 어필하지 않는 것이 좋아. 어필하는 순간 상대방은 마음이 상하거든. 참을 수 없는 상황이라도 경비실을 통해 완곡하게 불편을 호소하는 게 좋아.

딸아, 층간 소음 시비를 생각하면 평소 이웃 간 소통이 얼마나 중요한지 모른다. 서로 반갑게 인사하는 사이라면 손쉽게 해결할 수 있거든.

차 마시는 분위기를
즐겨라

딸아, 식후 커피 한잔 참 좋지. 머리가 맑아지니 기분이 상쾌하지. 그런데 커피 못지않게 차도 좋아. 차는 커피와 달리 삶에 여유를 가져다 주거든. 차의 품성은 쉼과 여유란다. 차를 우려내기 위한 기다림, 좋은 사람들과의 즐거운 대화, 여유로운 시간이 있으니까. 차는 몸과 마음을 잠시 내려놓게 하는 안락의자라 할 수 있어.

실제로 차는 정신적 안정감을 심어준단다. 아미노산의 일종인 테아닌이라는 성분이 긴장을 풀게 하지. 세계적으로 차 소비가 많은 나라에 우울증 환자가 적다는 통계도 있단다.

딸아, 집에서 쉬는 날엔 커피 대신 느긋하게 차를 마셔보렴. 녹차든 홍차든 찻잎을 우려내 천천히 식혀서 마시는 여유를 즐겨보렴. 한두 잔이 아니라 다섯 잔, 열 잔 마시는 게 좋아. 쉬면서 마음의 평화를 즐기는 거지.

혼자
훌쩍 떠나보아라

"청춘은 여행이다.
찢어진 주머니에 두 손을 내리꽂은 채
그저 길을 떠나도 좋은 것이다."

딸아, 20세기 혁명가 체 게바라가 한 말이란다.
당장 어디론가 떠나고 싶지 않니?
누군가 여행은 가슴이 떨릴 때 해야지
다리가 떨릴 때 하면 안 된다고 했어.
너처럼 젊을 때 많이 다니는 것이 좋아.
친구 혹은 가족과 함께하는 여행도 좋지만
여행의 진수는 혼자 하는 것이란다.
아무런 얽매임도 없이 혼자 훌쩍 떠나는 멋진 기분을 즐기는 거야. 일정
을 빡빡하게 잡지 말고 느긋하게 하렴.
산속에 멋진 정자가 있으면 금방 되돌아 나오지 말고
한 시간이고 두 시간이고 앉아서 여유를 즐겨.
혼자 하는 여행은 사색을 즐길 최상의 기회란다.
낯선 곳에서 사색을 하면 평소보다
더 힘차게 상상의 나래를 펼 수 있단다.

해외여행을
많이 다녀라

'세상은 넓고 할 일은 많다.'

딸아, 김우중 대우그룹 회장이 쓴 자전적 에세이 제목이란다. 한창 잘나갈 때 출판한 덕에 밀리언셀러에 등극했었지. 대우가 글로벌 기업으로 뻗어나가는 과정을 실감 나게 묘사해 젊은이들을 열광케 했단다. 해외여행이 자유롭지 않던 시절 그는 1년 중 3분의 2를 해외에서 보낸다고 했거든.

딸아, 젊고 건강할 때 해외여행을 많이 다니는 게 좋아. 세상이 넓다는 사실을 새삼 네 눈으로 확인하는 게 중요하니까. 이 세상 구석구석을 다녀보렴. 한순간 너의 인생관이 바뀔 수도 있어.

해외여행을 하려면 아무래도 돈이 많이 들지. 하지만 알뜰하게 하면 국내여행과 큰 차이도 없어. 시도하는 게 중요해.

"여행은 돈의 문제가 아니라 용기의 문제이다."

브라질 작가 파울로 코엘료가 한 말이란다.

여행길엔
아는 만큼 보인다

딸아, 어디든지 여행 계획이 세워지면 떠나기 전에 공부를 많이 해라. 여행지의 아름다운 풍광을 감상하고 멋진 요리를 즐기는 것도 좋지만 그곳의 역사와 문화를 체득하는 재미도 쏠쏠하거든. 이를 위해서는 사전 지식을 많이 갖고 출발해야 해. 프랑스 소설가 마르셀 프루스트는 이런 말을 했단다.

"진정한 여행이란 새로운 풍경을 보는 것이 아니라 새로운 눈을 가지는 데 있다."

그렇다. 예를 들어 이탈리아 피렌체를 여행할 계획이라면 피렌체 공화국의 역사와 미켈란젤로, 마키아벨리, 단테의 생애를 미리 공부하는 것이 좋아. 전남 강진, 해남, 완도 등지를 여행하려면 정약용과 윤선도 평전 정도는 읽고 출발하는 것이 좋아.

여행길엔 아는 만큼만 보인단다. 공부하지 않으면 풍광밖에 보이지 않아. 우리 딸은 속이 꽉 찬 여행자였으면 좋겠다.

예술, 문학

우리네 인생에서 예술은 의식주 이상으로 중요해.
예술이 중요한 가장 큰 이유는
우리의 영혼을 맑게 해주기 때문이야.

예술을 사랑해야
영혼이 맑아진다

딸아, 우리네 인생에서 예술은 의식주 이상으로 중요해. 예술을 직업으로 삼은 사람은 말할 것도 없고 일반인에게도 예술은 행복을 찾는 길에 반드시 필요한 요소란다. 일상에서 예술이 전혀 없다고 상상해보렴. 얼마나 황량하겠니. 당장 먹고사는 것이 힘든 사람도 예술이 있기에 위안을 받을 수 있단다.

예술이 중요한 가장 큰 이유는 우리의 영혼을 맑게 해주기 때문이야. 화가 파블로 피카소는 "예술은 영혼에서 일상생활의 먼지를 씻어낸다"라고 했지. 각종 아름다움을 표현하고 감상하는 과정에서 잠자던 영혼이 눈을 뜨고 성장하거든.

음악, 미술, 연극, 영화, 무용, 서예, 공예, 조각, 건축, 사진이 모두 예술이지. 이를 직업으로 삼지 않더라도 애써 가까이하며 즐기기 바란다. 예술가들의 업적을 감상만 해도 네 영혼이 자유로워질 거야.

집에
음악이 흐르도록 해라

딸아, 음악은 사람의 감정에 큰 영향을 미친단다. 전쟁터에서 병사들이 북소리를 들으면 용기가 생기고, 엄마 품속 아기가 자장가를 들으면 금방 잠에 빠져드는 건 우연이 아니란다. 누구나 좋아하는 음악을 들으면 기분이 상쾌해지지.

그러니 딸아, 네 집에 항상 음악의 향기가 피어났으면 좋겠다. 음악이 흐르는 집은 평화롭게 느껴지거든. 상상해보면, 시끄러운 텔레비전 소리보다 아름다운 멜로디에 취해 있는 네 모습이 훨씬 멋지겠다. 일방적으로 듣기를 강요하는 카페나 레스토랑과 달리 네 마음대로 선곡을 할 수 있으니 얼마나 좋으냐.

아침에는 힘을 샘솟게 해야 하니 록음악이 좋겠다. 아빠가 즐기는 서부영화 음악도 좋을 거야. 저녁에는 아무래도 마음을 진정시키는 클래식이나 가곡 같은 게 좋겠다.

가끔이라도
음악회에 가거라

딸아, 가끔이라도 틈을 내 음악회에 가면 좋아. 시설이나 장비가 제대로 갖춰진 곳이니 집에서 감상하는 음악과는 차원이 다르지. 깨끗하게 옷 차려입고, 사랑하는 사람과 함께 외식도 하고, 음악 감상까지 하고 나면 삶의 기쁨을 느낄 수 있단다.

흔히 음악회라 하면 비싼 공연 관람료에 부담을 느끼게 되지. 물론 세계적인 연주회의 경우 수십만 원씩 책정되기 때문에 쉽지 않아. 하지만 잘 찾아보면 제법 수준 있으면서도 저렴한 공연도 많아.

특히 요즘은 각급 지방자치단체나 특정 예술단체가 주최하는 공연이 많아 접근성이 꽤 좋은 편이야. 무료 관람인 경우도 더러 있고 말이다. 사실 멋진 음악회를 앞두고 먹는 저녁이라면 자장면 한 그릇으로도 배부를 수가 있어. 결국 돈의 문제가 아니라 관심의 문제라고 봐야겠지.

악기 한두 가지는
다룰 줄 아는 것이 좋다

딸아, 음악은 감상을 넘어 연주를 해야 제맛이란다. 감상은 단순히 남이 하는 음악을 취하는 것인 데 반해 연주는 자신이 직접 하는 음악이니 당연히 흥취에 큰 차이가 나지.

불세출의 사상가 공자도 남의 연주에 만족하지 못한 듯 직접 악기를 연주했단다. 특히 노래 부르면서 거문고를 즐겨 탔으며, 마음이 심란할 때는 경쇠를 연주했다는 기록이 있어. 제자들 중에도 스승을 본받아 악기 다룰 줄 아는 사람이 많았단다.

너도 취미 삼아 악기 한두 가지는 다룰 줄 알면 좋겠다. 기타도 좋고, 바이올린도 좋고, 트럼펫이면 멋까지 보태져서 더 좋겠지. 어릴 때 배웠던 피아노는 실력을 더 연마해 꾸준히 연주하기 바란다. 피아노 배울 당시의 고초를 생각하면 나이 들어서도 적극 활용해야지.

음치가
자랑은 아니다

딸아, 노래 부르는 자리에선 노래 잘 부르는 사람이 제일 멋져 보인단다. 음치는 기죽을 수밖에 없어. 프랑스 황제 나폴레옹은 타고난 음치로 돼지 멱따는 소리를 내면서도 노래를 즐겨 불렀다지만 우리네 보통 사람들은 어떻게 하면 노래를 피할까 전전긍긍하겠지. 회식 때마다 웃음거리 되는 걸 대책 없이 반복할 수는 없잖아.

음치는 타고난 장애일 수도 있어. 소리에 대한 음악적 감각이 천성적으로 무디어 음을 제대로 인식하거나 발성하지 못하는 거니까. 박자를 맞추지 못하는 박치도 마찬가지야. 그런데 음치는 부끄러울 것도 없지만 자랑할 것도 아니란다.

사회생활하는 데 불편할 정도라면 서둘러 고치는 노력을 하는 게 좋아. 요즘 보컬학원에서 '음치 탈출반' 같은 걸 운영하더구나. 최소한 노래방에서 분위기 깨는 딸은 아니길 바란다.

미술 작품 감상을
즐겨라

딸아, 미술도 음악 못지않게 사람의 심성에 큰 영향을 미친단다. 미술 작품은 창작을 하지 않더라도 자주 감상하는 것이 좋아. 텔레비전이나 신문으로 접할 것이 아니라 미술관에 직접 가서 보거라. 가슴속에서 용출되는 상상력의 수준이 확연히 다름을 느낄 거야.

국립 현대미술관은 말할 것도 없고, 지방자치단체 차원의 미술관이나 저명한 사설 미술관에 가면 좋은 작품이 부지기수야. 고미술은 박물관에 가면 손쉽게 만날 수 있어.

미술도 아는 만큼 보인단다. 우리 모두 학창 시절 미술에 대한 기초 교양을 배우지 않아 감상 지식이 부족하다고 봐야겠지. 현대미술 감상은 생각보다 어렵거든.

하지만 딸아, 미술관에 자주 드나들다 보면 언젠가 눈에 확 들어올 거야. 영화 한 편, 커피 한잔 값이면 된다. 편하게 자주 미술 작품을 감상하기 바란다.

그림을 사서
집에 걸어라

딸아, 그림은 집에 걸어둘 경우 매일 감상할 수 있어서 좋단다. 당연히 돈을 주고 사야 걸어놓을 수 있겠지. 구입할 때 다소 비싸게 느껴지긴 해도 한 번 사면 평생 가까이할 수 있으니 가성비는 꽤 높은 편이란다. 거기다 잘 구입하면 세월이 흐를수록 값이 올라 재테크가 되기도 하지. 유망 작가의 작품을 전략적으로 잘 선택하면 5년 혹은 10년 만에 열 배, 백 배 오르기도 한단다.

딸아, 재테크까지 생각한다면 공부를 많이 해야 한다. 미술관뿐만 아니라 화랑이나 경매장에도 자주 가봐야 해. 물론 초보자에게 화랑이나 경매장은 왠지 불편하고 낯설게 느껴지긴 하지만.

그림을 손쉽게 사고 싶다면 쇼핑하는 기분으로 아트페어에 가는 것이 좋아. 전국의 화랑에서 작품을 내놓는 장터이기 때문에 초보자에게 접근성이 좋거든.

최신 인기 영화는
놓치지 마라

영화는 가장 대중적이며 인기 많은 매체지. 수십 년간의 텔레비전 득세에도 아랑곳없이 영화시장은 쉼 없이 성장하고 있어. 영화는 어느 나라 할 것 없이 기술과 콘텐츠 모두 시대 흐름을 잘 반영하는 매체라서 그런 것 같아. 우리나라 영화시장은 성장 속도가 특히 빨라 현재 세계 5위 규모란다.

딸아, 요즘 작품성이 뛰어난 영화가 자주 상영되더구나. 작품성이 좋다 보니 관객 수도 많지. 천만 관객이 예사니 말이다. 이런 영화는 놓치지 않고 챙겨보는 것이 좋겠다. 점심 한 끼 값, 만 원 남짓이면 명작 한 편을 감상할 수 있으니 얼마나 좋니. 넷플릭스 자체 제작 영화 중에도 명작이 많더구나.

딸아, 상업성은 낮지만 사회적 의미가 독특한 독립영화나 미적 상상력이 뛰어난 예술영화에도 관심 가져보렴. 아마 네 삶을 살찌우는 데 큰 도움이 될 거야.

오페라, 뮤지컬도
즐겨라

딸아, 가끔은 대학로에 나가 연극을 보거라. 아빠는 연극의 경우 영상 매체와 달리 배우를 직접 만날 수 있는 기분이 각별해서 좋더라. 혹 지인 중에 청년 신진 배우가 초청하거든 무조건 가서 관람하렴. 너의 응원이 그에게 큰 힘이 될 거야.

종합무대예술인 오페라는 언제나 좋지. 음악, 연극, 문학, 미술, 무용이 한데 어우러진 한편의 대하드라마잖아. 뮤지컬은 또 어떠냐. 록음악과 아이돌 댄스까지 등장하는 노래, 춤, 연기가 합쳐진 무대공연은 흥겨워서 좋아. 판소리로 하는 뮤지컬도 좋더구나.

오페라나 뮤지컬 공연을 관람하다 보면 예술은 모두 한 덩어리라는 생각이 들어. 관객에게 즐거움과 아름다움을 선사하는 예술인들에게 경의를 표할 따름이지. 좋은 작품을 많이 소비하면 그들에게 도움도 되겠지.

패션에
관심을 가져라

"허름한 옷을 입으면 사람들이 그 옷을 기억하고, 흠잡을 데 없이 옷을 입으면 사람들은 그 여자를 기억한다."

딸아, 디자이너 코코 샤넬이 한 말이란다.

두말할 필요도 없이 옷은 잘 입는 게 좋아. 예쁘게, 깔끔하게, 말쑥하게 입으면 왠지 품격 있어 보인단다. 옷은 외부에 자신을 표현하는 가장 직접적인 수단이거든.

너도 패션에 관심을 갖는 것이 좋아. 옷을 어떻게 입는 게 잘 입는 건지는 네 스스로 판단해야 한다. 시대상을 반영하는 유행을 감안하되 개성을 살리는 게 좋지 않을까 싶다. 좋은 옷은 명품이나 비싼 옷이 아니라 자기한테 잘 어울리는 옷이라고 아빠는 생각해. 남을 지나치게 의식하지 말라는 얘기야. 다만 사회적 통념에서 크게 벗어나면 오히려 추해진다는 사실도 명심하기 바란다.

고전문학을 탐독해라

딸아, 문학도 예술이란다. 언어로 하는 예술이지. 행복을 찾으려면 문학 작품을 가까이해야 한다. 소설이나 시를 읽는다고 당장 돈이 생기는 건 아니지만 마음의 안식과 평화를 얻을 수 있지. 삶의 지혜를 터득할 수 있고 진리가 중요함을 새삼 깨달을 수도 있지.

살인과 성적 요소가 난무하는 추리소설이나 통속소설보다는 검증되고 품격 있는 소설을 많이 읽어라. 너에게 인생의 방향을 제시하는 나침반이 될 것이다. 짧게는 백 년, 길게는 이천 년 이상 검증된 고전문학은 무조건 좋아. 그 속에서 발견하는 명문장 하나가 네 인생을 확 바꿔놓을 수도 있어. 평생 읽어야겠지만 가급적 일찍, 젊을 때 시작하는 것이 좋겠다.

역대 노벨 문학상 수상 작가들의 대표작도 찾아서 읽어보렴. 네 삶에 살과 피가 될 거야.

토지, 삼국지, 톨스토이 단편집은
당장 읽어라

딸아, 아빠에겐 수많은 문학 작품 중에서도 지금 당장 읽으면 좋겠다고 생각하는 작품이 셋 있어. 늦었지만 서둘러 꼭 읽기 바란다.

박경리 선생의 대하소설 《토지》는 재미있고 독자의 마음도 울리지만 유려한 문체가 단연 백미란다. 평생 글쓰기를 하고 살아가야 할 청년들에게 필독서라 할 수 있어. 어휘가 무궁무진 풍부할 뿐만 아니라 문장과 문장, 낱말과 낱말의 이음새가 그야말로 예술이거든. 국문학 관련 학생들이 의무적으로 읽는 이유란다.

《삼국지》는 동양을 대표하는 고전소설로 무려 팔십만 개의 단어와 천 명 가까운 등장인물이 버무려진 작품이지. 역사와 설화, 민담이 뒤섞여 스토리가 얼마나 풍부한지 몰라.

레프 톨스토이의 단편 하나하나에는 시공을 초월한 인생 철학이 담겨 있어. 적은 분량이지만 내용은 더없이 알차단다.

멋진 시를
많이 외워라

딸아, 시는 암송하는 데서 문학의 독특한 의미와 멋을 찾을 수 있단다. 마음에 드는 시를 자주 읽는 것도 좋지만 암송할 수 있으면 더 좋아. 자기 목소리로 즐겁게 들려주는 시적 운율은 삶에 무한한 여유를 갖게 하지.

프랑스에선 고교졸업 때까지 시 100편을 반드시 암송할 수 있도록 교육한단다. 시를 많이 암송함으로써 예술 교육의 바탕을 갖추게 하려는 목적이지. 실제로 상상력, 창의력을 기르는 데 시 암송만큼 좋은 게 없단다.

암기력 뛰어난 네 나이에 멋진 시나 시조를 많이 외웠으면 좋겠다. 김춘수의 〈꽃〉, 유치환의 〈행복〉 정도는 술술 외울 수 있어야 싶다. 푸시킨의 〈삶이 그대를 속일지라도〉나 정지상의 한시 〈송인(送人)〉 같은 작품도 외울 수 있으면 좋겠다. 혹 여흥이 필요한 자리에서 이런 시 한 수 읊는다면 얼마나 멋지겠니.

예술과 문학 토론하기를
즐겨라

딸아, 우리 삶에서 예술과 문학은 아무래도 여유로움의 연장선에 있다고 봐. 먹고살기 힘들면 생각하기가 쉽지 않은 게 현실이지. 하지만 너처럼 앞날이 창창한 청년들은 당장 미래가 조금 불투명하더라도 예술과 문학을 외면하면 안 돼. 경제 활동과 공존 가능한 영역임에 분명할뿐더러 그것을 통해 인생을 재설계하는 힘을 가질 수 있단다.

어쩌다 오페라 공연을 관람하고 자기가 과연 무얼 위해 살고 있는지, 앞으로 어떻게 살아야 할지 새삼 깨달을 수도 있고 한 권의 고전 소설을 읽고 실의의 늪에서 뛰쳐나와 재기하겠다는 용기를 얻을 수도 있단다.

예술 공연이나 문학 작품을 접한 뒤 친한 친구 혹은 가족과 토론하는 습관을 들이면 좋아. 토론 중에 예전엔 감히 상상도 하지 못했던 영감이 떠오를 수도 있거든.

시련 극복

후회스런 일을 경험 삼아 현재에 충실해라.
현재 이 순간 최선을 다해 사는 것이
무엇보다 중요하단다.

인생에
고난, 고통 없는 사람 없다

딸아, 살다 보면 누구나 한번쯤 시련을 겪게 된다. 주변을 둘러보면 고난, 고통을 호소하는 사람이 엄청 많아. 아니, 크고 작음의 차이일 뿐 우리 모두가 고난, 고통 속에 살고 있는지도 모른다. 그러니 신이 왜 나한테만 이런 시련을 주느냐고 억울해할 필요는 없어

중요한 것은 그걸 어떻게 잘 감내해서 극복하느냐 여부란다. 헬렌 켈러의 말은 언제나 큰 힘이 되지.

"세상은 고통으로 가득하지만 그것을 극복하는 사람들로도 가득하다."

그래, 모든 고통은 실의에 빠진 나머지 포기해버리면 달리 방법이 없겠지만 끝까지 참고 헤쳐 나아가면 대부분 극복 가능하단다.

도저히 극복할 수 없다고 판단되는 고통이라면 그것과 더불어 산다고 생각하렴. '피할 수 없는 고통은 즐겨라'는 말도 있잖아. 무엇보다 마음 편한 게 중요하니까.

살아 있는 한
희망은 있다

삶이 큰 어려움에 처하면 누구나 절망에 빠지지. 사업하다 완전히 망했을 때, 평생직장이라 여겼던 곳에서 갑자기 해고되었을 때, 회복 불능의 큰 병에 걸렸을 때, 졸지에 사랑하는 가족을 잃었을 때 절망감에 휩싸이는 건 당연하지.

주변에서 희망을 가지라고 격려하지만 귀에 들어오지 않을 수도 있어. 객관적인 상황이 그다지 나쁘지 않음에도 자신감 결여로 절망의 늪에서 허덕이는 사람도 있지.

하지만 딸아, 살아 있는 한 누구에게나 희망이 있단다. 세상에 완전히 절망적인 상황이란 존재하지 않아. 중요한 것은 믿음이란다. 지금 당장 절망감이 엄습하지만 언젠가 희망의 불꽃이 피어오를 것이라고 생각해야 하지.

"절망하지 마라. 종종 열쇠 꾸러미의 마지막 열쇠가 자물쇠를 연다."

영국 정치가 필립 체스터필드가 들려주는 희망가란다.

후회하지 말고
현재에 충실해라

딸아, 지나간 세월을 돌아보면 후회할 일이 참 많지. 그다지 오래 살지 않은 너도 그럴 것이다. 고등학교 때 왜 좀 더 열심히 공부하지 않았을까, 운동을 꾸준히 했더라면 더 건강할 텐데, 대학 다닐 때 로스쿨 준비를 할 걸, 남자 친구한테 좀 더 잘해줄 걸, 그 집을 좀 더 일찍 샀더라면 좋았을 텐데….

하지만 딸아, 후회하는 순간 이미 때는 늦었어. 그러니 후회하지 마라. 후회해봤자 아무 소용이 없어. 누구에게나 지나간 과거가 전부 나쁜 건 아니란다. 캐롤 터킹턴은 이런 말을 했지.

"절대 후회하지 마라. 좋았다면 추억이고 나빴다면 경험이다."

후회스런 일을 경험 삼아 현재에 충실해라. 현재 이 순간 최선을 다해 사는 것이 무엇보다 중요하단다. 과거에 연연하면 현재 네가 쓸 수 있는 에너지만 빼앗길 뿐이야.

걱정은 대부분
할 필요조차 없는 것이다

딸아, 걱정 없는 인생이란 없어.
누구나 조금의 걱정은 있고,
그것들은 삶의 윤활유가 될 수도 있단다.
지나치게 걱정을 많이 하는 사람이 문제지.
걱정의 상당 부분이 착각에서 비롯된다는 사실을 알면서도
허구한 날 고민에 빠져 사는 사람들 말이다.
딸아, 대부분의 걱정은 해봐야 아무 소용 없는 것이란다.
심리학 연구는 걱정거리의 96퍼센트는
쓸데없는 것이라는 사실을 밝혀냈지.
걱정하며 잘 대처하면 실제로 도움 되는 걱정거리는
4퍼센트밖에 안 된다는 거야.
그러니 일어나지도 않은 일을 두고
미리 걱정하는 것은 어리석은 행태란다.
내일 걱정은 내일한테 맡기라는
성경 구절이 의미하듯 걱정은 빨리 거두는 것이 상책이란다.

"걱정을 잠자리에까지
갖고 가는 것은
등에 짐을 지고 자는 것이다."

토마스 하리발톤의 말이란다.

질병은
평생 함께해야 한다고 생각해라

"건강은 질병이 잠시 휴가를 떠난 상태이다."

딸아, 독일 과학자 헬무트 발터스가 한 말이란다. 어떤 직장인이 매년 한 달간 휴가를 즐긴다면, 아무 데도 아프지 않고 건강한 건 한 달에 불과하다는 얘기다. 11개월은 질병을 끼고 살아야 한다는 뜻이지.

너는 아직 젊기에 설마 싶겠지만 나이 조금 더 먹으면 이 말이 가슴에 와닿을지도 몰라. 실제로 우리는 각종 질병과 더불어 살아가도록 디자인돼 있다고 할 수 있어.

현대인에게 치명적이라 여겨지는 암을 생각해보렴. 세상 사람 3분의 1 정도는 일생 동안 한 번 이상 암에 걸린다니 피해가기란 쉽지 않지. 암에 걸린다고 크게 억울해할 필요도 없어. 평생 함께한다고 생각해야 해. 설혹 큰 병에 걸리더라도 마음에 평화를 갖는 것이 무엇보다 중요하단다. 그래야 몸속 상처가 빨리 낫거든.

답답하면
뜀박질을 해보아라

딸아, 스트레스는 만병의 근원이야. 심할 경우 호르몬 불균형과 면역력 저하로 불안증, 우울증, 공황장애, 위장장애, 공격성 등을 초래하기 때문에 애써 관리하지 않으면 안 된다.

스트레스는 근원을 찾아내는 것이 중요하지만 현실적으로 쉽진 않아. 무의식에서 비롯돼 본인이 도무지 알 수 없는 스트레스도 많거든. 하지만 스트레스 해소법은 여러 가지가 있어. 노력하면 상당히 줄일 수 있어. 대표적으로 운동, 숙면, 음악 감상, 기도, 명상, 대화하기, 일기 쓰기를 꼽을 수 있겠다.

그중에서 운동이 최고라고 아빠는 생각해. 심신을 함께 단련할 수 있기 때문이지. 답답하면 매일 밖에 나가 땀이 흐를 정도로 뜀박질을 해보렴. 그래도 스트레스가 줄지 않으면 병원에 가봐야 해. 정신건강의학과에서 간단하게 해법을 줄 수도 있단다.

많이 힘들면
반드시 도움을 청해라

딸아, 삶에 시련이 닥쳤을 때 혼자서 헤쳐 나아가는 데 어려움을 느낄 때가 있지. 한 집에 사는 가족의 도움이 한계에 봉착할 수도 있고 말이다. 나름 최선의 노력을 기울이며 버텼음에도 앞이 보이지 않으면 모든 걸 포기해버릴까 하는 생각이 들 수도 있겠다.

하지만 딸아, 세상은 결코 너 혼자가 아니란다. 주변을 자세히 살펴보면 너를 응원하고 도와줄 준비가 되어 있는 사람이 많고 많아. 네가 적극적으로 손을 내밀지 않아 그들이 모르고 있을 뿐이란다.

많이 힘들면 누구에게라도 도움을 청하거라. 함께 사는 부모나 형제자매는 말할 것도 없고 친구나 직장 동료, 먼 친척에게 전화를 하렴. 달려와서 얘기 좀 들어달라고 부탁을 해. 그럴 만한 사람이 없다면 길 가는 사람에게라도 도움을 청하거라. 세상은 결코 너를 외면하지 않을 거야.

'메멘토 모리'를
되새기며 살아라

딸아, '메멘토 모리(Memento mori)'라는 말 들어봤지? '당신이 죽는다는 사실을 기억하라'는 뜻의 라틴어란다. 전쟁에서 승리한 로마 장군들이 시가행진을 할 때 뒤따르는 노예들에게 이 말을 외치게 했다는구나. 승리했다고 우쭐대지 말고 겸손하게 살라는 메시지를 담고 있단다.

너는 아직 젊어서 죽음을 생각조차 하지 않겠지만 죽음에 대한 올바른 인식을 갖고 사는 것은 중요하단다. 반드시 죽는다는 사실을 깨닫고 살면 현재의 삶이 그만큼 충실해지거든. 누구나 죽게 되어 있으니 죽음을 두려워할 이유가 없으며, 생명의 소중함을 인식하고 좀 더 의미 있는 삶을 추구하게 되지.

너도 마찬가지란다. 죽을 때 후회하지 않도록 의미 있는 삶을 가꾸어나가야 한다. 당연히 이웃도 생각하며 살아야겠지.

이별이 있어야
만남이 있다

딸아, 모든 이별은 슬퍼. 연인과의 사랑 다툼으로 벌어진 결별이나 가족 간의 거주 공간 분리로 생긴 이별도 슬프지만 사랑하는 사람과의 사별이 가장 큰 슬픔이야. 영영 돌아올 수 없는 다리를 건넜다는 느낌이기 때문이지. 하지만 어쩌랴. 만남과 사랑, 그리고 이별은 인생의 숙명이니 말이다. 세월이 약이라고, 시간이 흐르면 떠난 사람을 잊어야 슬픔이 완전히 가신단다.

딸아, 그래도 슬픔이 가시지 않는다면 '회자정리 거자필반(會者定離 去者必返)'이라는 불교 가르침을 음미해보아라. 떠나간 사람은 반드시 돌아오는 법이란다.

사랑하는 연인이 네 곁을 떠나간다면 네가 더 많이 사랑하게 될 사람이 곧 나타날 거야. 사랑하는 부모님이 돌아가신다면 더 큰 사랑의 대체물인 예쁜 자녀가 너를 찾아올 거야. 이별이 있어야 만남이 있는 게 인생의 순리란다.

외로움,
즐기면서 극복해라

"어른이 된다는 것은 곧 혼자가 된다는 뜻이다."

딸아, 쟝 로스땅이 한 말이란다. 누구나 어느 정도 나이가 들면 혼자가 돼 외로움을 느낄 수 있어. 외로움은 옆에 남편이 있어도 혹은 친구가 많아도 생길 수 있는 흔한 감정이야. 자기를 인정해주지 않는다는 느낌만 들어도 생기곤 하지.

외로움은 방치할 경우 무기력증이나 우울증으로 발전할 가능성이 있기에 가급적 빨리 극복해야 해. 그런데 외로움은 정면으로 마주해야 쉽게 벗어날 수 있단다. 외로움에서 벗어나겠다며 발버둥 치면 더 깊은 외로움에 빠져들 수도 있어.

그보다는 외로움에 익숙해지는 게 좋아. 혼밥이나 혼술 해도 아무 상관없어. 외로움을 즐긴다고 생각하렴. 그래도 외로움이 너를 힘들게 한다면 취미 생활, 봉사 활동, 동호회 활동 등으로 적극적인 치유에 나설 필요가 있어.

쉽게
포기하지 마라

딸아, 인생에서 뭔가 성취하려면 포기하지 않고 계속하는 끈기가 있어야 해. 입시도 취업도 연애도 독서도 다이어트도 중도에 포기해 버리면 절대 이룰 수 없지. 윈스턴 처칠이 옥스퍼드대 졸업식 치사에서 "절대로 절대로 절대로 포기하지 마라"라고 강조한 이유가 아닐까 싶다.

실패했을 때 누구나 손쉽게 선택할 수 있는 결정은 포기야. 그게 가장 편하거든. 반복 실패에 따른 두려움에서 벗어날 수도 있지. 하지만 포기한 사람의 바로 옆 길모퉁이에는 성공의 여신이 미소 짓고 있는지도 몰라.

딸아, 네가 진정으로 원하는 것이라면 절대 포기하지 마라. 비관론자들의 말에 귀 기울이지 마라. 포기 여부는 오직 너만이 결정할 수 있는 거야.

"실패한 자가 패배하는 것이 아니라 포기한 자가 패배하는 것이다."

독일 소설가 장 파울의 말이란다.

화는 무조건
내일로 미루어라

딸아, 일상에서 화나는 일이 참 많지. 살아가면서 화는 어느 정도 필요한 측면도 있어. 화가 나야 열정이 생기거든. 다만, 너무 잦다면 문제겠지.

딸아, 화가 나는 것과 화를 내는 것은 엄연히 다르다. 화가 나는 것은 어쩔 수 없지만 화를 내는 건 참을 수 있어. 화란 스스로 다스려야 하고, 다스릴 수 있는 감정이란다. 화를 주체하지 못하면 파괴적인 결과를 가져오곤 해. 엎질러진 물이라서 후회해봤자 소용없는 경우가 많아.

상대방을 힘들게 하고 자신을 지치게 하는 화는 무조건 자제해야 한다. 내일로 미루는 것이 가장 좋은 방법이야.

"화가 나면 말하기 전에 열까지 세고 화가 너무 나서 상대를 죽이고 싶으면 백까지 세라."

토머스 제퍼슨의 말이란다. 당장 화를 참고 싶다면 자리를 피하는 게 상책일 수 있다.

보란 듯이 잘 사는 것도
괜찮은 복수다

딸아, 누군가 너에게 피해를 입힐 때 복수하려는 생각이 들었니? 금전 피해를 입으면 금전 피해를 주고 싶고, 망신을 당하면 망신을 주고 싶었니? 하긴 막말을 들으면 막말을 들려주고 싶은 것이 인지상정이지. 그냥 넘어가면 지는 것 같기 때문일 거야.

하지만 딸아, 복수하는 순간 둘은 원수가 되는 거야. 원수가 되면 둘 다 불행해질 테니 피하는 것이 좋아. 복수하면 속이 시원할 것 같지만 전혀 그렇지 않아. 상대방과 똑같이 저급해졌다는 느낌이 들기 때문이지.

가장 강력한 복수는 용서란다. 상대방 입장을 이해하고 보듬는 거지. 그럴 경우 십중팔구 상대방이 숙이고 들어올 가능성이 커. 네가 자연스럽게 승자가 되는 거야. 상대방을 아예 무시해버리고 보란 듯이 잘 사는 것도 꽤나 괜찮은 복수법이다.

자책,
하지 마라

딸아, 무슨 일을 하다 잘 안되면 누군가 책임을 져야겠지. 혼자서 하는 일이라면 자기 자신이 책임져야 하고 말이다. 그러나 습관처럼 자책하는 것은 금물이야. 자책이 버릇이 되면 자존감과 자신감이 모두 떨어져 무기력해질 수 있거든.

각종 시험에 연이어 낙방하거나 외국어 공인시험에 원하는 점수가 계속 나오지 않을 경우, 직장에서 실수를 연발하는 경우에도 자책하기 십상이지. '나는 왜 이럴까'라는 부정적인 생각에 자기 마음을 다치게 하는 사람이 많아. 하지만 그런 생각은 자신을 나약하게 하고, 주저앉게 만들 뿐이기에 피해야 한단다.

자책하는 대신 자신을 격려하는 게 좋겠다. 짐이 너무 무거워서 잠시 넘어졌을 뿐 다시 일어나면 된다고 용기를 줘. 나만 힘든 것이 아니라 성공하는 사람은 모두가 힘들다고 위로해. 자책하는 시간에 좋은 해법을 찾도록 해라.

기대가 너무 크면
실망과 불만을 낳는다

딸아, 누군가한테 거는 기대가 크면 실망도 큰 법이다. 크게 기대했다가 손에 잡히는 게 적을 경우 실망하게 되고, 그것이 불만으로 이어진단다. 불만이야말로 행복을 가로막는 장애물이지.

너 자신에게는 기대를 크게 가져야겠지만 남에게는 기대 수준을 낮추는 게 좋아. 주변 사람이 잘될 경우 나에게 도움 되는 건 사실이지. 예컨대 가까운 친척이나 친한 친구 중에 의사나 법조인이 있다면 일상생활에 도움받을 수가 있어. 하지만 기대만큼 도움받지 못해 실망하고 불만을 가지는 경우도 많단다.

그런 기대는 친한 가족에게만 갖는 것이 좋아. 어차피 더불어 살아야 할 사람이 내게 부담되지 않는 것만도 다행이라는 생각을 하면 마음이 편할 수 있어. 누군가에게 신세 지는 사람보다 도움 주는 사람이 더 행복하단다.

SNS에
거리를 둬라

딸아, SNS가 소통의 절대 강자로 등극한 지 오래지만 부작용이 만만찮을 정도로 크단다. 카페인(카카오톡, 페이스북, 인스타그램)이라 불릴 정도로 중독성이 크다는 사실은 우리 모두를 두렵게 하지. 어느새 소소한 일상까지 공유하게 되어 멀리하기가 쉽지 않겠지만 너에게 어떤 시련이 닥쳤을 때는 일시적으로라도 거리를 두는 것이 좋겠다.

SNS의 가장 심각한 폐해로 아빠는 많은 사람에게 상대적 박탈감을 심어준다는 점을 지적하고 싶구나. 사연을 자주 올리는 사람들의 심리 저변에는 자기 자랑이 깔려 있어. 멋진 곳을 여행하거나 고급 식당에서 식사를 하거나 유명인사를 만날 때, 자랑 삼아 글이나 사진을 올리거든. 자기한테는 자연스러울 수 있겠지만 심신이 고단한 사람에게는 소외감이나 우울증을 불러일으킬 수도 있어. 잠시나마 스마트폰 없이 한번 살아보렴.

회복 탄력성을
키워라

딸아, 요즘 심리학에서 회복 탄력성이라는 개념이 중시되고 있어. 시련을 극복하는 긍정적인 힘을 뜻하지. 위기를 헤쳐나갈 수 있는 마음의 근육이라고나 할까. 건강하게 잘살고 있는 사람도 회복 탄력성이 높을수록 행복하단다.

회복 탄력성은 자기조절 능력, 대인관계력, 긍정성으로 구성돼 있어. 이를 키우는 데 독서, 글쓰기, 운동, 음악 감상 등 여러 방법이 있겠지만 감사 기도가 가장 효율적일 것 같구나. 매사 긍정 마인드를 갖는 게 중요하기 때문이지.

일종의 감사하기 훈련을 스스로 해보면 어떨까. 매일 밤 잠자리에 들 때 5분 정도 감사 기도를 하는 거야. 하루를 살며 감사할 일을 정리해보는 거야. 아침에 눈을 뜨게 해줘서 감사, 몸이 움직여줘서 감사, 사랑하는 사람에게 인사할 수 있어서 감사, 세끼 식사할 수 있어서 감사….

자선

젖소가 우유를 내어줄 때, 사과나무가 사과를 내어줄 때
우리한테 받을 자격을 따지지 않는다.
그러니 없는 사람이 손 내밀면 조금이라도 무조건 줘라.
그런다고 네가 가진 것 크게 줄어들지 않는다.

가슴 따뜻한 사람이
되어라

딸아, 머리는 차고 가슴은 따뜻한 사람이 되어야 한다. 머릿속 지식은 냉정하리만큼 엄격하게 사용해야겠지만 가슴속 사랑은 이 세상 누구나 안아줄 수 있는 따스한 마음이어야 한다.

세상에는 너보다 어렵게 사는 사람이 부지기수로 많아. 주변을 둘러보거라. 사회적으로나 경제적으로 소외돼 우리와 함께 밝은 햇살을 쬘 수 없는 사람이 실로 많단다. 그들에게 선뜻 도움의 손길을 내밀 줄 아는 사람이 되어야 한다.

딸아, 가슴 따뜻한 사람이란 자기를 생각하는 만큼 남도 생각할 줄 아는 사람이다. 북풍한설에 온수조차 없는 단칸 셋방에서 겨울 나는 이웃을 가끔이라도 생각할 줄 아는 사람이지. 자기보다 어려운 친구에게 안부 전화라도 할 줄 아는 사람이다. 가끔 자기한테 손해되더라도 감수할 줄 알고, 비움이 곧 채움임을 아는 사람이란다.

네가 가졌다고
다 네 것이 아니다

딸아, 돈은 행복의 원천이다. 재산이나 소득이 없으면 당장 사람 구실을 하기가 쉽지 않아. 그래서 너 나 할 것 없이 죽어라고 돈을 버는 거겠지. 그 와중에 빈부격차로 생활고를 겪는 사람들을 보면 안타깝기 그지없어. 부자들이 내는 세금으로는 골고루 먹고살기 어렵다는 뜻일 게다.

그러니 가진 것 조금이라도 더 많은 사람은 기쁜 마음으로 나눔을 실천해야 한단다. 네가 가졌다고 다 네 것이 아니라는 생각을 하면 마음이 편할 거야. 한때 잠시 맡아 가지고 있던 것을 이웃에게 나눠주는 셈이라고 말이야. 베푼다고 생각하지 말고 나눈다고 생각하렴.

"당신이 영원히
간직할 수 있는 부는
당신이 누군가에게 선물한 부다."

로마 철학자 마르쿠스 아우렐리우스의 통찰이란다. 나눠주는 자가 진정
한 부자라는 뜻이리라.

도움 필요한 사람은
바로 네 곁에 있다

딸아, 자선을 실천한다고 굳이 먼 곳 바라볼 필요는 없어. 네 주변에도 도움 바라는 사람이 적지 않아. 취직이 안돼 걱정이 태산인 친구, 연인과 헤어져 슬픔에 휩싸인 후배, 제때 승진하지 못해 속상해하는 선배, 부모 이혼으로 가슴 아파하는 친구, 결혼 준비 과정에서 분란이 생겨 마음이 심란한 후배….

딸아, 이들에게 나도 그런 때가 있었다며 다정하게 건네는 위로 한마디가 큰 힘이 될 수 있어. 따뜻한 커피 한잔 사주며 하소연을 길게 들어주는 것만으로도 큰 격려가 될 수 있어.

"가장 중요한 때는 바로 지금이고, 가장 필요한 사람은 지금 내가 만나는 사람이고, 가장 중요한 일은 바로 내 옆에 있는 사람에게 선을 행하는 것이다."

레프 톨스토이의 단편에 나오는 이 세 마디는 자선을 주저하지 말라는 강력한 조언이다.

노숙자가 손 내밀면
무조건 줘라

딸아, 지하철에서 구걸하는 사람을 만나면 주저하지 말고 지갑을 열어라. 길거리에서 노숙자를 만나면 더럽다고 피하지 말고 다정한 눈길을 줘라. 그들은 인생에서 잠시 실패한 것일 뿐 우리가 등돌려야 할 악한 사람이 아니란다. 우리 모두의 형제자매란다.

그들을 놈팡이라고, 혹은 도움받을 자격이 없는 사람이라고 매도하지 마라. 일할 수 있는데 왜 빈둥거리느냐고 따지지도 마라. 네가 절대로 알 수 없는 딱한 사정이 있는지도 모른다. 젖소가 우유를 내어줄 때, 사과나무가 사과를 내어줄 때 우리한테 받을 자격을 따지지 않는다. 그러니 없는 사람이 손 내밀면 조금이라도 무조건 줘라. 그런다고 네가 가진 것 크게 줄어들지 않는다. 탈무드에 나오는 말을 음미해보렴.

"한 개의 촛불로 많은 초에 불을 붙여도 첫 촛불의 빛이 약해지지 않는다."

너보다 부족한 친구를
다정하게 대해라

딸아, 주변을 살펴보면 여러 면에서 너보다 부족한 친구가 더러 있을 것이다. 학창 시절 지독히도 공부를 못한 친구, 상급학교를 제대로 나오지 못한 친구, 직장이 변변찮은 친구, 경제적으로 어려운 친구, 외모가 지나치게 뒤처지는 친구, 대인관계에 어려움을 겪을 정도로 소극적인 친구…. 이런 친구들을 잘 살피는 딸이면 좋겠다.

잘나가는 친구만 좋은 친구가 아니란다. 너보다 많이 부족한 친구들은 너와 친해지고 싶어도 접근하길 어려워할 가능성이 있어. 그럴 때 먼저 손을 내밀어 다정한 친구가 되어주렴.

지식이나 생활 수준에 차이가 나더라도 얼마든지 좋은 친구가 될 수 있어. 경쟁 관계가 아니라는 생각에 더 진한 우정을 쌓을 수도 있어. 그들의 삶을 통해 네가 의외로 유익한 지혜를 얻을 수도 있단다.

길거리 물건값
깎지 마라

딸아, 대형 할인마트가 상권을 주름잡는 요즘, 영세 노점 상인들의 삶이 많이 힘들어. 임차료 부담 때문에 조그마한 가게조차 낼 수 없는 사람들의 표정은 예외 없이 어둡지. 일하는 길거리 환경은 열악하기 짝이 없고, 수입은 쥐꼬리만 하니 웃음이 나올 리가 없지.

딸아, 이런 사정을 안다면 길 가다 가끔이라도 노점 물건을 사주렴. 마트보다 질이 다소 떨어지고 비위생적일 수도 있지만 요즘 세상에 영 엉터리 물건일 리는 없어. 노점 상인들도 마트 가격을 뻔히 알기 때문에 턱없이 비싸게 받을 리도 없고 말이다.

그리고 물건값 깎을 생각 하지 마라. 마트처럼 정찰제가 아니라고 가격 후려치는 건 그들에게 가혹 행위일 수도 있어. 재미 삼아 시도하는 에누리 흥정은 가격 정찰제가 전혀 없던 옛날 옛적 추억일 뿐이야.

헌혈은
생명 나눔이다

딸아, 헌혈은 가장 기본적이면서도 고귀한 자선이란다. 그야말로 사랑의 실천이자 생명 나눔이거든. 본인과 가족, 그리고 모든 사람을 위한 일이지.

딸아, 마음에 여유가 있다면 이따금 헌혈을 해라. 어느 사회나 혈액은 고갈 직전 상태란다. 사고팔 수가 없어 전적으로 기부에 의존하기 때문에 항상 부족하지. 젊은 시절의 헌혈은 몸에 전혀 해롭지 않다. 잠시 빈혈 증상 같은 게 생기더라도 하루이틀이면 원상회복된단다. 네 나이쯤이면 1년에 한 번 정도 하면 어떨까 싶다. 혹여 지인으로부터 다급하다며 지정 헌혈을 요청받으면 지체 없이 달려가도록 해라.

헌혈도 건강해야 할 수 있다. 헌혈 전에 반드시 혈액검사를 하기 때문에 자기 건강을 체크하는 기회도 된단다. 최소한 헌혈이 가능할 정도로 건강을 유지해야겠다.

장기 기증을
염두에 두고 살아라

딸아, 헌혈과는 비교되지 않을 정도로 고귀한 자선은 장기 기증이란다. 뇌사 판정 시, 혹은 사후에 자신의 장기를 이식이 필요한 중증 환자에게 무상으로 기증하는 걸 말하지. 이 세상 최고의 생명 나눔이라 하겠다.

사람은 언제 어떻게 죽을지 몰라. 죽고 나면 아무 쓸모없는 장기를 꼭 필요한 사람에게 줘서 새 생명을 얻게 하는 장기 기증. 누구나 손쉽게 할 수 있을 것 같은데 등록 서약하는 사람은 소수란다. 죽음에 대한 상상을 하기 싫어서가 아닐까 싶다.

하지만 딸아, 자신의 장기 기증으로 죽어가던 남의 생명이 되살아나는 걸 상상하면 실로 감격스럽지 않니? 당장은 아니더라도 기증을 염두에 두고 살기 바란다. 삶과 죽음의 참된 의미를 깊이 성찰하게 함으로써 현재의 네 삶이 훨씬 충실해질 거야.

자선 단체에
정기 후원을 해라

딸아, 금전적 자선을 가장 쉽게 실천할 방법은 자선 단체를 통한 정기 후원이다. 언젠가 많은 액수를 한꺼번에 기부하겠노라 마음먹지만 실제론 잘 되질 않거든. 차일피일하다 흐지부지 끝나는 경우가 많아. 새뮤얼 존슨이 정곡을 찌르는 말을 했더구나.

"한꺼번에 많은 선행을 하려고 미루는 사람은 어떠한 선행도 하지 못할 것이다."

마음에 드는 자선 단체를 골라 소액이라도 매달 후원금을 보내보아라. 경제적 부담이 거의 되지 않으면서 묘한 보람을 느낄 수 있어 좋단다.

가끔 후원금을 단체 운영비로 쓰는 비리가 드러나곤 하지만 극소수 단체의 일탈이라고 보면 돼. 후원금 모금과 전달에 상당한 비용이 드는 건 사실이고, 해당 관청에서 이를 적절히 관리하기 때문에 색안경을 끼고 볼 필요는 없어. 믿고 지갑을 열어도 돼.

천국 심사 때 필요한 서류는
자선 확인증밖에 없다

"자선은 주는 자와 받는 자를 모두 축복하는 것이니 미덕 중에 최고의 미덕이다."

딸아, 윌리엄 셰익스피어의 말이란다. 그렇다. 누군가 자선을 행하면 받는 사람의 삶은 당연히 윤택해진다. 그 사람이 얼마나 고마워하겠니.

자선을 해본 사람은 알겠지만 주는 기쁨은 받는 기쁨보다 결코 작지 않아. "타인에게 베푸는 기쁨에 비례하여 자신의 기쁨이 쌓인다"라는 제러미 벤담의 말은 딱 맞다.

딸아, 천국행 심사 때 필요한 준비 서류는 자선 확인증밖에 없단다. 섬뜩하게 들리지 않니? 대통령 당선증도, 박사 학위증도 필요 없다는 말이다. 그때 가서 그럴듯한 자선 확인증 하나 없으면 참 슬플 노릇이겠지. 너에게는 아직 시간이 무궁무진해서 크게 걱정할 필요는 없겠다. 그래도 미리 준비해서 마음의 평화를 얻도록 해라.

종교

잘 모르니까 함부로 남의 종교를 폄하하거든.
여러 종교에 대한 기본 지식을 가진 사람은
좀체 남의 종교를 욕하지 않아. 다른 사람의 종교와 믿음이
나와 방향이 다를 뿐 결코 틀린 것이 아님을 알기 때문이지.

종교,
가지면 좋다

딸아, 인간사에서 종교만큼 논쟁적인 주제는 없을 것이다. 종교를 가질지 말지, 가진다면 어떤 종교를 택할지를 두고 평생 고민하고 토론하지. 종교는 수천 가지 색깔을 띠고 있지만 자연에 대한 두려움, 영원에 대한 갈구, 마음의 평화를 기반으로 하고 있음은 공통된 모습이란다.

신앙심은 지극히 개인적인 감정 영역이기 때문에 종교에는 자유가 보장돼야 한다. 종교를 갖든 말든 본인이 결정할 문제라는 의미지. 그럼에도 모든 종교는 구원이나 깨달음이라는 궁극적 관심을 통해 마음의 평화를 추구하기 때문에 권장할 만한 것임은 분명해.

현재 전 세계인의 80퍼센트 이상이 종교를 갖고 있다는 사실은 시사하는 바가 커. 종교를 악용하는 정치권력이나 일부 타락한 종교권력이 문제일 뿐 종교 자체는 좋다고 아빠는 생각해. 괜히 거부감 가질 필요는 없어.

남의 종교를
폄하하지 마라

딸아, 종교의 본질은 사랑이란다. 종교가 추구하고 약속하는 모든 것은 사랑에서 출발하지. 그런 점에서 모든 종교는 하나라고 할 수도 있어. 각각 구원과 깨달음을 추구하는 기독교와 불교가 전혀 다른 것 같아도 결국 사랑이라는 진리의 산봉우리에서 만난다고 아빠는 생각해.

"사실 진리는 하나인데 종교마다 표현을 달리하고 있을 뿐이다. 가끔 성경을 읽으면서 느끼는 일이지만 불교의 대장경을 읽는 듯한 착각을 일으키는 때가 있다."

법정스님의 말이란다. 그러니 서로 자기 종교가 좋다고 혹은 남의 종교는 좋지 않다고 아옹다옹하는 모습은 안쓰러울 뿐이야. 신앙생활을 제대로 하는 사람은 결코 이런 모습을 보이지 않는단다.

딸아, 남의 종교를 존중할 줄 아는 품격 있는 신앙인이 되어라. 자기 종교가 중요한 만큼 남의 종교도 중요하니까 말이다.

남의 종교에도
관심을 가져라

딸아, 남의 종교를 존중하려면 그 종교가 어떤 건지 관심을 가질 필요가 있어. 무식하니 용감하다고, 잘 모르니까 함부로 남의 종교를 폄하하거든. 여러 종교에 대한 기본 지식을 가진 사람은 좀체 남의 종교를 욕하지 않아. 다른 사람의 종교와 믿음이 나와 방향이 다를 뿐 결코 틀린 것이 아님을 알기 때문이지.

남의 종교라도 그 교리를 살펴본다든지, 그 종교 행사에 참석해보는 것이 좋아. 기독교 신자라면 불교 법회에 참석해보고, 불교 신자라면 교회 예배나 성당 미사에 한 번이라도 가보는 거지. 종교 전반을 객관적으로 설명하는 책을 한 권 읽어보는 것도 좋겠다. 상식을 늘리는 데도 도움이 될 거야.

절이나 교회를 방문할 때 자기 종교와 상관없이 합장이나 '기도 손'을 해 보이는 건 기본적인 예의라고 아빠는 생각해.

가족끼리라도
종교를 강요하지 마라

딸아, 사랑이 본질인 종교가 공동체의 화합은커녕 갈등 요인이 되는 건 참으로 안타까운 일이야. 국가 간 분쟁은 말할 것도 없고 가족 간 반목을 부르는 경우도 적지 않아.

종교는 정신적 자유를 기반으로 하기 때문에 가족끼리라도 신앙을 강제하는 건 바람직하지 않아. 그런데도 가정에서 부부간, 부모 자녀 간 종교 갈등을 겪는 모습은 부끄러운 일이란다. 특히 기독교와 비신자, 기독교와 타 종교 간 갈등이 많지.

딸아, 일가족의 종교가 같으면 당연히 좋겠다. 하지만 강요하지는 말고 신앙적 모범을 보임으로써 하나로 모아가는 노력을 하는 게 좋아. 끝내 모아지지 않는다면 신앙생활을 따로 해도 괜찮아. 김대중 전 대통령과 부인 이희호 여사는 각각 천주교와 개신교 신앙을 평생토록 지켰지만 결혼 생활에 별 어려움이 없었단다.

사이비 종교를
각별히 조심해라

딸아, 종교 생활을 하면서 사이비 종교에 빠지지 않도록 유의해야 한다. 핵심 교리에서 종교적 요건을 갖추지 못한 채 반사회적 행위를 도모하는 집단 말이다. 신흥종교, 유사종교, 사교(邪敎) 같은 걸 말하지.

이들은 종교가 아예 없는 사람보다 정상적인 종교를 믿는 사람들을 교묘하게 유혹하기 때문에 더 쉽게 넘어가는 경향이 있어. 마음이 아프거나 여린 사람들을 미혹에 빠뜨리는 거지. 교주를 신격화하는 집단, 시한부 종말론을 표방하는 집단, 재산이나 성을 착취하는 집단이 사이비 종교의 대표적인 모습이란다.

특히 기성 종교의 문제점을 파고들며 신비주의를 내세우는 집단을 조심할 필요가 있어. 이성을 벗어나 맹신하는 여성들을 주로 포섭하니, 정말 유의해야 한다. 오로지 감정에만 휘둘려 종교 생활하는 사람이 사이비 집단의 표적이거든.

기도하면
네가 먼저 바뀐다

딸아, 종교를 가진 사람에겐 기도만큼 중요한 게 없어. 종교 생활의 알파요 오메가라고 해야겠지. 끊임없이 그리고 쉬지 않고 기도하라는 말 많이 들었을 거야.

기도는 간절한 마음으로 해야 한다. 너도 경험해봤겠지만 기도는 반드시 이루고 싶은 것이 있을 때 자기도 모르게 간절해지잖아. 사실 기도를 하면 절대자 신이 그것을 들어주기 전에 자기 마음이 먼저 바뀐다고 아빠는 생각해. 그렇게 해서 기도의 목적이 이루어지지. 자연스럽게 마음에 평화가 오는 거야.

신앙이 없거나 냉담하는 경우에도 기도는 하는 것이 좋아. 하루 한 번 감사 기도 하는 것 어때? 아빠가 좋아하는 프랑스 작가 쥘 르나르의 '아침 기도'를 한번 따라 해보렴.

"눈이 보인다, 귀가 즐겁다, 몸이 움직인다, 기분도 괜찮다. 고맙다, 인생은 참 아름답다."

성경을
읽어라

딸아, 성경은 누가 뭐래도 최고의 베스트셀러란다. 전 세계 기독교 인구가 23억 명이나 된다니 당연하다 하겠다. 기독 신자들은 일요일마다 교회에서 조금씩 읽고, 가끔은 집중해서 성경 공부를 하지. 신앙을 공고히 하는 데 성경 독서는 필수라고 봐야지.

아빠는 기독교 신자가 아니라도 성경은 반드시 읽어야 한다고 생각해. 굳이 기독 신앙을 갖기 위해서가 아니라 기본 상식을 갖추기 위해서 말이다. 사실 성경을 모르고는 서양의 문화와 역사를 제대로 이해하기 힘들어. 특히 유럽의 모든 것은 그리스 로마 문화와 기독교 문화에 바탕을 두고 있기 때문이지.

평소 서양의 문학이나 예술 작품을 감상할 때 성경을 알고 모르고의 차이는 아주 커. 서양의 문학, 음악, 미술, 건축, 역사, 철학 등을 공부하려면 먼저 성경부터 읽으라고 아빠는 감히 말하고 싶어.

불경을
읽어라

딸아, 우리나라에선 불교와 아예 담쌓고 살 수가 없어. 종교 중에서 불교 인구가 가장 많고, 전국 산골짜기마다 절이 있으니 불교는 우리의 생활 자체라고 봐야겠다.

기독교 신자들 중에 불교는 유일신 개념이 없다는 이유로 종교가 아니라고 폄하하는 사람도 있지만 그렇지 않아. 깨달음이라는 궁극적 관심을 추구하는 훌륭한 종교란다. 최근 유럽에서 불교 신자가 빠르게 늘고 있는 것은 우연이 아니란다.

불교를 이해하려면 당연히 불교 경전을 읽어봐야 한다. 신자가 아니라도 기본 경전은 조금 읽어보는 게 좋겠다. 불경은 내용이 워낙 심오하고 철학적이라서 이해하기가 어려워. 해설서를 곁들여 읽어보렴. 그중에서 《반야심경》은 내용이 아주 간결하고 분량이 적어 불교 입문서로는 가장 좋아. 시간이 없어도 《금강경》까지는 읽어보렴.

마음이 심란할 땐
명상을 해라

　딸아, 요즘 미국이나 서유럽에선 명상이 유행이란다. 미국 IT기업들은 직원 교육에 경쟁적으로 이를 도입하고 있다는구나. 명상은 원래 힌두교나 불교의 수행 방법이지만 꼭 종교적인 시각에서 볼 필요는 없어. 정신치료나 심리학에도 광범위하게 적용하고 있거든.

　생각을 한군데로 모아 잡념을 없앰으로써 마음에 평온을 가져오게 한다니, 얼마나 좋니. 스트레스 해소, 피로 회복, 수면장애 개선, 불안 및 우울 증상 완화에 상당히 도움이 된단다.

　명상에는 특별한 기구나 시설이 필요 없어. 전문가에게 방법을 배우면 좋겠지만 혼자서도 얼마든지 시작할 수 있단다. 조용한 공간만 확보되면 언제 어디서든 할 수 있어. 하루 20분 정도가 좋다는데 처음에는 5분만 해도 효과가 있어. 마음이 심란할 땐 가만히 앉아 정신을 집중해보렴.

사주는
보지 마라

딸아, 사주 보는 데 재미 붙이지 마라. 사주, 즉 태어난 연월일시 네 가지로 사람의 길흉화복을 점친다는 게 말이 된다고 생각하니? 과학적인 근거나 검증 절차가 전혀 없는 미신일 따름이란다.

명리학이라는 이름으로 그럴듯하게 포장하지만 사람의 운명이 태어난 연월일시로 결정된다는 건 어불성설이야. 전두환 전 대통령의 사주는 대위로 제대해서 구멍가게 운영하다 65세에 죽는다는 것이었단다. 우리나라 인구가 5,000만 명이라면 대략 100명꼴로 똑같은 사주를 갖고 있단다. 100명의 운명이 과연 똑같을까?

딸아, 사주는 친구들끼리 호기심으로 한두 번 볼 수는 있겠지만 그걸로 끝내야 한다. 그 대신 두 현대 철학자의 말에 귀 기울여라.

"인간의 운명은 인간의 손 안에 있다."(장 폴 샤르트르)

"운명아 비켜라, 용기 있게 내가 간다."(프리드리히 니체)

행복

단순한 삶의 핵심은 자신의 속마음에 충실하는 거야.
네가 진정으로 하고 싶고 갖고 싶은 것이 무엇인지를
밖으로 드러내는 거지.

행복은
바로 네 곁에 있다

딸아, 우리네 인생은 행복을 찾아가는 여정이란다. 공부하는 이유도, 사랑하는 까닭도, 일하는 목적도 멋진 행복을 이루기 위해서라고 말할 수 있지. 하지만 행복은 저 멀리 있는 것이 아니란다. 바로 네 곁에 있지. 멀리 있다는 생각으로 평생 찾아다니다 결국 허탕 치고 마는 사람이 부지기수란다. 안타까운 일이지.

"행복이란 우리 집 화롯가에서 성장한다. 그것은 남의 집 뜰에서 따와서는 안 된다."

윌리엄 골딩의 말이란다. 그래, 행복은 가까이에 있어. 네 마음속에, 가족과 더불어, 친구들과 함께 있어.

천국이나 극락도 마찬가지야. 사후에 저 멀리 있는 것이 아니라 바로 여기, 네 마음속에 있어. 남과 비교하지 말고, 만족하고 감사할 줄 알면 행복은 저절로 찾아오게 돼 있단다.

남과 비교하지 않는 것이
행복의 출발점이다

딸아, 행복해지려면 남과 비교하지 않는 것이 무엇보다 중요하단다. 아니, 비교하면 행복해질 수가 없어. 학력, 외모, 연봉, 사회적 지위 따위를 남과 비교하기 시작하면 끝도 없거든. 심지어 부모나 남편의 능력, 자녀 대학 수준, 아파트 평수까지 비교한다고 생각해봐. 모든 것이 최상급이 아닌 이상 만족할 수가 없어.

남과 비교하지 않고 사는 게 쉽지 않다는 것 아빠는 잘 알아. 자기도 모르는 사이에 비교하게 되는 측면도 있지. 그럼에도 불구하고 비교하지 않으려고 애써 노력해야 해.

"행복하려면 남들에 대해 지나친 관심을 갖는 것은 금물이다."

알베르 카뮈의 말이란다.

결국 자기 주관을 뚜렷이 세워 살아가야겠다. 남이 어떻게 평가하든 자신이 행복한 길을 묵묵히 걸어가는 거지. 그래야 몸도 마음도 건강하단다.

만족할 줄 알아야 행복하다

"만족을 모르는 사람은 비록 부유해도 가난하고, 만족을 아는 사람은 비록 가난해도 부유하다."

석가모니의 가르침이란다. 2500년 전에도 만족하지 못해 마음이 가난한 사람이 많았던 모양이다.

딸아, 네 주변에 불만투성이인 사람이 많을 거야. 행복하지 않아 보이는 사람에게 불만은 더 많지. 시험 잘 쳤는데 A학점이 나오지 않았다, 고급 미용실에 갔는데 파마가 잘 나오지 않았다, 입사 동기들 중에 일을 제일 잘하는데 승진에서 누락됐다, 연봉이 친구들보다 적다…. 누구나 불만을 가지려면 한도 끝도 없어.

딸아, 소욕지족(少慾知足)이라는 말이 있어. 적은 것으로 넉넉할 줄 안다는 말이지. 요즘 행복을 쾌족(快足)이라 바꿔 불러야 한다고 주장하는 사람도 있어. 가진 것이 아무리 많아도 만족하지 않으면 행복할 수 없다는 뜻이 배어 있단다.

감사하는 마음을
길러라

딸아, 남과 비교하지 않고 만족할 줄 아는 사람에겐 저절로 감사하는 마음이 생긴다. 바로 행복한 사람의 전형이지.

"감사는 최고의 항암제요 해독제요 방부제이다."

존 헨리의 말이란다. 이 말로 보자면 감사할 줄 아는 사람은 큰 병에 걸리지 않고 걸리더라도 금방 나을 것 같다는 생각이 들어. 세상만사 마음먹기 나름이라고, 감사한 일은 많고도 많아. 유대인들은 매일 밤 감사 기도를 드리는데, 하루 100가지 이상 감사할 거리를 찾는단다. 100가지를 찾자면 일상의 모든 것이 감사한 일이지 싶다.

딸아, 잠자리에 들 때 감사 기도를 해보렴. 그때마다 한결 마음이 평온해짐을 느낄 것이다. 그리고 다른 사람에게 감사한 마음이 든다면 속에 넣어두지 말고 직접 표현하도록 해라. 더 큰 행복감을 느낄 수 있을 거야.

소소한 행복을
찾아라

딸아, 행복을 거창하게만 생각하지 마라. 일본 작가 무라카미 하루키가 개발한 신조어 소확행(小確幸)은 정말 가슴에 담고 살아야 한다. 작지만 확실한 행복을 구하는 것이 크지만 불확실한 행복을 구하는 것보다 훨씬 효율적이란다. 큰 행복을 찾았다고 해서 반드시 지속되는 것도 아니란다.

딸아, 소소한 행복이야말로 진정한 행복이라 할 수 있어. 반복되는 일상에서 손쉽게 찾을 수 있거든. 덴마크의 휘게(hygge), 프랑스의 오캄(au calme) 스웨덴의 라곰(lagom)도 같은 뜻을 가진 말이지.

따뜻한 봄날 공원에 나가 오가는 사람들의 표정을 하나하나 살펴보렴. 나지막한 산에 올라 끊임없이 지저귀는 새소리에 귀 기울여보렴. 캄캄한 밤 촛불 하나 켜놓고 사랑하는 사람과 밀어를 나누어보렴. 이것이 세상에서 가장 멋진 행복일지도 몰라.

새로운 경험을
즐겨라

딸아, 일상이 따분하다는 생각이 들 때가 더러 있지. 공부든 일이든 리듬을 갖고 해야 행복할 텐데 그게 마음대로 안 될 때가 많지. 모처럼 쉬는 시간을 얻었음에도 평소의 힐링 방식에 매달리면 별 흥미가 없어. 우리 대부분이 그렇게 살고 있지만 말이다.

하지만 딸아, 소소하지만 새로운 경험을 찾아서 즐겨보렴. 매너리즘에서 금세 벗어날 수 있기 때문에 삶에 활력이 생긴단다. 청년기 새로운 경험은 머나먼 인생길에 좋은 밑거름이 될 수도 있어. 아이들에게 각종 여행이 유익하다고 여기는 것과 마찬가지란다. 네 나이 때는 젊기 때문에 뭐든지 도전해볼 수 있어.

이런 것 경험해보지 않았다면 마음 맞는 친구 두어 명과 함께 당장 나서보렴. 미술관 기행, 섬마을 캠핑, 사물놀이, 템플스테이, 시골 별 보기, 바다 낚시, 한옥 체험, 탐조 여행….

가끔 전통시장에
가보아라

딸아, 바람 쐴 요량으로 가끔 전통시장에 가보거라. 사람 사는 냄새가 물씬 나서 좋단다. 전통시장에도 있을 건 다 있어. 전반적으로 물품 가격이 저렴하고 대형마트보다 더 싱싱한 식재료를 구할 수 있단다.

전통시장의 묘미는 세상살이 실체를 체험할 수 있다는 점이지. 그다지 청결하지 않아도 기분 나쁘지 않고, 복잡하고 시끄러워도 짜증 나지 않아. 상인들의 호객 경쟁에 갑이 되었음을 느낄 수 있지. 장사 잘되는 가게에선 삶의 희열을, 장사 안되는 가게에선 인생의 고단함을 발견할 수 있단다. 또 가게 밖 노점에선 삶의 치열함을 몸소 느낄 수 있단다.

시장을 한 바퀴 돌고 나면 네가 제법 행복한 사람임을 새삼 느끼게 될 거야. 세상은 더불어 행복해지는 법이거든. 전통시장에서 배도 마음도 든든하게 채워보렴.

대자연과
호흡을 해라

딸아, 틈날 때 대자연과 호흡하는 여유를 가져보렴. 혼자 깊은 숲속에 들어가보고, 확 트인 바닷가에 종일 앉아 있어보거라. 천지를 붉게 물들이는 석양에 넋을 잃어보고, 별 바다에 빠져 밤새워보거라. 자연은 우리에게 무한한 자유와 행복을 가져다준단다. 자연은 우리에게 아무것도 요구하지 않고 내어주기만 한단다.

네가 만약 순천만 갈대밭에 간다고 치자, 울릉도 성인봉에 오른다고 치자. 대자연이 너를 무척 반갑게 맞이할 것이다. 신선한 공기와 약동하는 생명들이 너를 한껏 위로해줄 것이다. 네가 외로움을 느낀다면 너보다 훨씬 더 오래된 외로움이 너를 격려해줄 것이다. 고난 고통을 헤쳐 나갈 자신감과 무한한 용기를 안겨줄 것이다.

너는 대자연의 화음에 숨죽이며 호응해주기만 하면 돼. 대자연과 함께하는 행복은 참 행복이란다.

단순하게
살아라

딸아, 삶은 단순해야 행복하단다. 가사 용품이든 직장 일이든 인간관계든 생각이든, 매사 복잡하면 힘들고 피곤해. 최근 들어 미니멀리스트가 크게 늘어나는 이유일 것이다. 너도 미니멀리스트까진 아니더라도 가급적 단순하게 살도록 노력해보렴.

집안 곳곳에 꽉 차 있는 물건, 너무 많은 전화통화와 약속, 꼭 하지 않아도 되는 볼일들은 육체적·정신적으로 너를 억누르지. 이런 것에서 벗어나야 비로소 자유를 얻을 수 있단다.

단순한 삶의 핵심은 자신의 속마음에 충실하는 거야. 네가 진정으로 하고 싶고 갖고 싶은 것이 무엇인지를 밖으로 드러내는 거지. 잡동사니로 여겨지는 욕망은 가차없이 쳐내는 것이 좋아. 그러고는 네가 진짜 원하는 것에 몸과 마음을 올인하는 거야. 선택과 집중을 하란 말이지. 그렇게 하면 틀림없이 결과물이 더 좋아질 거야. 그리고 행복해질 거야.

행복은
마음먹기에 달렸다

딸아, 행복은 생각하기 나름이란다. 네가 행복하다고 생각하면 행복하고, 행복하지 않다고 생각하면 행복하지 않은 거야. 원효대사의 깨달음과 관련해 자주 인용하는 일체유심조(一切唯心造)라는 말이 얼마나 중요한지 모른다.

세상사 모든 것은 오로지 자기 마음이 지어낸다는 뜻이지. 남과 비교하지 않고, 만족하고, 감사하면 누구나 행복할 수 있어. 그렇게 마음먹는 것이 무엇보다 중요하단다.

딸아, 특히 행복은 지금 이 순간에 있다고 마음먹어야 한다. 과거는 후회할 필요가 없고 미래는 걱정할 이유가 없어. 후회와 걱정은 시간 낭비이며 현재의 행복을 갉아먹을 뿐이야. 레프 톨스토이가 남긴 이 말을 음미해보렴.

"과거는 지나갔고
미래는 아직 오지 않았다.
있는 것은 현재뿐이다.
현재의 삶은 매 순간이
그 어떤 것보다 더 소중하다."

딸아, 너에게 해줄 말 있어

-성공·사랑·품격·행복을 위한 300가지 지혜-

초판 1쇄 발행 2023년 2월 10일
초판 4쇄 발행 2024년 8월 8일

지은이 | 성기철
펴낸이 | 박찬근
펴낸곳 | (주)다연
주   소 | 경기도 고양시 덕양구 삼원로 73 한일윈스타 1422호
전   화 | 031-811-6789
팩   스 | 0504-251-7259
이메일 | dayeonbook@naver.com
편   집 | 미토스
표지디자인 | ㉘
본문디자인 | 디자인 [연;우]

ISBN 979-11-92556-08-6 (03320)

※ 잘못 만들어진 책은 구입처에서 교환 가능합니다.